中学生协同学习与元认知整合研究

ZHONGXUESHENGXIETONGXUEXI YUYUANRENZHIZHENGHEYANJIU

高慧冰◎著

暨南大学出版社
JINAN UNIVERSITY PRESS
中国·广州

图书在版编目（CIP）数据

中学生协同学习与元认知整合研究 / 高慧冰著. —广州：暨南大学出版社，2010. 8

ISBN 978-7-81135-574-1

Ⅰ. ①中… Ⅱ. ①高… Ⅲ. ①中学生—学习方法—研究

Ⅳ. ①G632. 46

中国版本图书馆 CIP 数据核字（2010）第 142659 号

出版发行：暨南大学出版社

地　址：中国广州暨南大学
电　话：总编室（8620）85221601
营销部（8620）85225284　85228291　85228292（邮购）
传　真：（8620）85221583（办公室）　85223774（营销部）
邮　编：510630
网　址：http：//www. jnupress. com　http：//press. jnu. edu. cn

排　版：暨南大学出版社照排中心
印　刷：暨南大学印刷厂

开　本：890mm × 1240mm　1/32
印　张：6. 75
字　数：183 千
版　次：2010 年 8 月第 1 版
印　次：2010 年 8 月第 1 次
印　数：1—1000 册

定　价：20. 00 元

序

《中学生协同学习与元认知整合研究》一书，是高慧冰老师十年来在中学生物教学第一线，坚持开展教育科学研究的结晶。这一成果是高老师在其主持的《构建具岭南特色的以学生为主体的元认知训练模式研究》和《基于协同的专题教育优质资源拓展的实践研究》两项研究的基础上所作的综合和概括。十载耕耘，终成硕果，可喜可贺！

高慧冰老师于2001年承担广东省教育科学“十五”规划重点课题“构建具有岭南特色的以学生为主体的元认知训练模式研究”、2007年承担广州市教育科学“十一五”规划面上课题“基于协同的专题教育优质资源拓展的实践研究”的课题研究任务以来，重视加强自身的学习，不断更新教育教学观念，潜心研究，在实践中不断地思考、探索生物教学的新理念及其有效策略。作者以敏锐的眼光选取“协同学习与元认知整合”作为研究的切入点，充分结合生物学科特点，创造性地将协同学习的课堂组织形式与渗透元认知训练的课堂教学方法整合，把协同学习与元认知训练分别视为教学系统的要素，将这二者综合起来并从不同的角度去审视和分析，提出独具匠心的见解，从而使协同学习与元认知训练的理念与方法得以相互协调、相互渗透，促进教学系统发挥最大的教学效果。

纵观全书，有三个鲜明的特色：实践性、学术性和实用性。

实践性——本书的撰写具有坚实的教育教学实践基础，它经过了近十年教学一线的实践检验。首先，它立足于课堂教学去构建课堂学习共同体，把课堂作为一个自由的共同体、生命的共同体，让每个学生的个性都能充分地得到彰显，师生之间与生生之间都能平等交往和对话；其次，把课堂作为一个知识生成、传播、理解和确认的文化共同体，让这个共同体中的成员认同共同的价值意义和愿景，使之具有强大的凝聚力和生命力；再次，把课堂作为一个有序的共同体，让共同体中的成员在规范的公共秩序约束下充分张扬个性。在此基础上，循序渐进地实施“创建和谐、民主、平等的学习环境”、“实现课堂学习共同体的自生成”、“构建教师学习共同体”、“精心设计编排教学内容”、“执行有序化的课堂教学过程”、“多样化的交流”、“多元的教学评价”等行动策略，实现学生全方位参与课堂教学，全过程参与知识的学习与建构，从而达到师生的共识、共享、共进，实现教学相长。

学术性——本书的学术见解有独到之处，它能另辟蹊径，把协同学习与元认知融为一体，提供了针对中学生物教学开展协同学习与元认知整合研究的逐级递进的运行体系框架。首先，在学习和理解学习共同体的基本概念、重要属性、基本形式的基础上，通过教师、学生等成员间互动沟通与合作对话来形成群体之间共同的精神、文化价值与心理倾向，并通过不断的集体性互动来激发和维持学习共同体的生命活力，将课堂发展成为真正的学习共同体。其次，通过分析“协同学习与元认知整合的课堂学习共同体”，挖掘出它的七个基本要素：学习主体、学习目标、学科知识、工具及资源、活动规则、活动分工、学习情境，借鉴并改造了恩格斯托姆等人的第三代活动理论中的活动系统模型，搭建了协同学习与元认知整合的课堂学习共同体的教学框架。再次，以“协同学习与元认知整合的课堂学习共同体”为实施生物教学的落脚点，利用该共同体的教学框架，在中学生物学的课堂教学及研究性学习中，设计并完成协同学习与元认知整合的多种有效策略的研究工作，获得了令人满意的教学效果。

实用性——本书的操作性很强。既提供了同步与异步两大分类的协同学习与元认知整合的生物课堂教学策略，又提供了自然探究与生活学习两个领域的协同学习与元认知整合的研究性学习策略，还有配合中学生物的课堂教学策略和研究性学习策略的研究案例，因此，它实用，且可信、可学、可操作。

本书的付梓，见证了高慧冰老师始终走在教育科学研究的前沿，朝着专家型教师发展的不懈努力和成功之路。

是为序。

（广东省特级教师、广州市教育局教学研究室原副主任）

2010 年 6 月于广州

目 录

第一章　导　论

第一节　协同学习研究综述

一、协同学习的理论基础

（一）协同学理论

协同学（Synergetics），由德国功勋科学家赫尔曼·哈肯于1969年创立，被誉为“新三论”（即协同论、耗散结构论、突破论）的观点之一。作为一门在普遍规律支配下的有序的、自组织的集体行为的科学，它代表了研究复杂系统内部各部分之间互补与协作的理论。作为一种方法论，协同学有两个最基本的观点。

1. 协同效应

协同效应是指在复杂性系统中，各要素之间存在着非线性的相互作用，当外界控制参量达到一定的阈值时，各要素之间由相互独立、竞争转变为相互联系、关联，后者占据主导地位，从而表现出协调、合作的局面，整体效应增强，系统从无序状态走向有序状态。

2. “自组织”理念

“自组织”理念是指系统通过自组织实现复杂的协同效应。系统自组织的形成必须具备四个条件：①开放的系统保持与外界环境的物质、能量、信息等进行交换；②系统通过其内部机制产生外部效用；③系统内部要素之间的非线性相互作用是系统自组织产生的必要条件；④涨落催化着系统自组织有序结构的产生及发展。

（二）团体动力学理论

“团体动力学”的概念是社会心理学家库尔特·勒温提出的，他在《社会空间实验》（1939）一文中首次使用该概念，借以表明对团体中各种潜在动力的交互作用、团体对个体的吸引及对个体行为的影响、团体成员之间的联系及关系等所进行的一种本质性探索。

1. “团体”的内涵

所谓团体是指在一定的目标引导下，通过成员之间的互动，满足成员一定心理需求的组织。由此可见，团体具有四个基本特点：

（1）团体是一种有序的组织。团体并不是一群人的简单的组合，而是按照一定的规范建立起来的有机组织系统。

（2）团体必须有一个共同的目标。团体内具有共同的行为目标，是维系团体生存的必要条件。

（3）团体成员之间具有互动性。团体成员之间并非相对静止的，而是通过语言、非语言等多种方式相互分享、交流；互动是团体目标达成的重要条件。

（4）团体具有整体感。团体因内部成员对其所产生的认同而体现出整体感。

2. 勒温的“团体动力学”

勒温使用“团体动力学”这一术语，是要把团体作为一种心理学的有机整体，并在这种整体的水平上，探求团体行为和团体过程或人的社会行为的潜在动力。在其理论中，“团体”是一种具有心理学意义的动力整体，团体的本质在于其所属成员相互依存，而不在于他们相似或有差异，即团体的结构特性是由成员之间的相互关系决定的，而不是由单个成员本身的性质决定的。这正是团体动力学的要点所在。团体动力学的共识有：

第一，团体内聚力是吸引、组织与影响团体成员的最本质因素。它是团体的“精神”，它是一种使其成员甘心归属的动力和气氛。

第二，团体内聚力本身有两个重要的因素：①团体的吸引力，在这方面应考虑影响内聚力的一些团体性质，如团体的目标、计划、组织形式和社会地位等；②团体成员的动机，它包括团体成员追求交往、认同和安全的需要以及从团体中获得某种利益的愿望。

第三，一个团体内聚力的强弱，将直接影响该团体的存在与发展，直接影响其团体成员的士气，直接影响该团体的生产效率和生产力。团体的内聚力强，就可增加团体成员的安全感、责任感和价值取向的一致性，促进团体成员的责任性行为，促进团体成员的相互影响等。

（三）建构主义学习理论

自20世纪90年代，建构主义学习理论在西方逐渐流行。建构主义学习理论的基本观点是：知识不是通过教师的传授得到的，而是学习者在一定的社会文化背景（一定的情境）下借助其他人（教师和学习伙伴）的帮助，利用必要的学习资源，通过意义建构的方式获得的。它可以概括为“六个强调”：

（1）强调学习主体的作用；

（2）强调情境的创设；

（3）强调协作作用；

（4）强调学习环境的设计；

（5）强调媒体和资源作为学习认知工具的作用；

（6）强调围绕目标的意义建构，围绕一个目标，让学生自己组织知识。

建构主义强调学生学习的建构性，认为学习的本质起源于主体的活动，主体与外界的交互行为及其内部认知加工过程是主体活动对体验的内化、知识意义的生成和人文精神的建构过程。其意义在于使学生在“学习共同体”的自主交互活动中主动进行认知改组整合与充实完善，从而获得知识、经验、情感、能力、个性等素质，挖掘和发展友爱、合作、创造等潜能。在该理论中，教师是组织者、指导者、帮助者和促进者，学生是知识意义的主动建构者。

（四）协同教育理念

1. 哲学观

协同教育理念体现在其“和谐竞争、协同发展”的基本哲学观念之中。概括而言，和谐与竞争、协同与发展均体现了相辅相成的交互关系。具体而言，和谐是自然的生存法则，竞争是自然的发展机制，事物在和谐竞争中螺旋式上升，显现出开放与封闭、无序与有序、混沌与规律、耗散与凝聚、解放与规范、建构与解构等状态与规律；协同是和谐与竞争的统一，发展是自然运动变化的基本规律。

2. 科学观

协同教育理念体现在其“统筹与优化、学习与创新”的科学观之中。概括而言，统筹教育资源、优化教育过程、激发学习动力、提高创新能力是协同教育的基本任务；激发学生的学习动力、提高学生的学习能力、培养学生的创新思维、提高学生的创新能力均是协同教育的目标。

3. 实践观

协同教育理念体现在其“协作与应变、成人与成功”的实践观之中。概括而言，协作与应变是和谐与竞争的具体化，成人与成功是教育的直接目的。

二、协同学习的内涵

（一）协同学习、协作学习与合作学习

协同学习、协作学习与合作学习是三个很容易混淆的概念。它们之间既有联系，又有区别。共同之处在于：三者均强调实现任务、目标的统一性，属于个体在集体活动中展开学习或工作的方式、方法范畴，都适用于两人或两人以上的群体活动。不同之处在

于：合作学习倾向分工细作、独立完成，彼此之间缺乏往来与沟通；协作学习侧重各司其职、协作完成，个体（部门）之间共享一些资源与成果；协同学习着眼于互动互补、协同完成，具有自组织运动。由此可见，相对而言，协同学习是协作学习与合作学习这两个概念的上位概念。

（二）课堂协同学习的内涵

1. 学习共同体

“学习共同体”（learning community），是以班级授课为形式的基层学习组织，它按照一定的教学目的、任务和形式进行编制。其特征包括：组织目的性，以完成共同教学任务为目的；组织系统性，组织的要素必须构成一定的结构层次；组织有序性，表现为权力分配和责任分工平衡，经常协调各方面的关系，使组织处于有序状态。可见，学习共同体是这样一种基层学习集体：由学习者（学生）和助学者（教师）共同组成，以完成共同的学习任务为载体，以促进成员的全面成长为目的，强调在学习过程中以相互作用式的学习观为指导，通过人际沟通、交流和分享各种学习资源使成员相互影响、相互促进。

2. 课堂的协同学习

课堂的协同学习可理解为：在教育环境下，学习者在学习共同体中为获得个体与群体的学习绩效而进行互动、互补的学习方式。相对于个体学习，协同学习可有效加强学习过程的体验，提高学习者的学习效率、效果与效益。其基本理念包括：①沟通。指协同学习环境中的不同学习个体通过语言进行学习交流或通过其他媒介（如投影屏幕、网络广播或互动白板）进行演示等，学习技术系统中的信息传递与知识共建要求时空上的即时性与融合感。②协调。课堂学习共同体的互动需指向同一学习目标，促使个体之间行为的和谐，对不协调的行为，有必要采取一定的协调措施，以提升学习的内聚力与关注程度。③控制。协同学习是多人参与的一项课堂学习共同体活动，必然涉及学习流程的组织与控制。④创造。协同学习的目标是达成学习绩效，实现基于协同学习环境的学习效率、效果与效益。协同系统的课堂学习环境，为个体间思维的互动、观点的互通提供了必要的平台，从而有利于实现知识创造和认知飞跃。⑤方便。协同学习所创造的学习平台，将方便课堂学习共同体中学习个体间的协作，提高信息环境中协作学习的效益。⑥建构。在协同学习中，学习者的知识建构可以被整个课堂学习共同体所共享，即由学习共同体共同完成对所学知识意义的互补与建构。

三、课堂教学中协同学习的设计种类

（一）异步协同学习设计

异步协同学习是一种松散耦合的协同学习。其特点是：多个协作者在分布集成的平台上围绕同一主题进行协同学习，但各自有不同的学习空间；协作者可以在不同的时间内进行学习，却通常不能指望可以迅速地从其他协作者那儿得到反馈信息。进行异步协同学习设计除了必须具备紧密集成的软件系统外，还需要解决分布数据管理、合作任务管理、合作过程中的数据流和学习流管理等问题。

（二）同步协同学习设计

同步协同学习是一种紧密耦合的协同学习。其特点是：多个协作者在相同的时间内，通过共享学习空间进行交互活动，并且任何一个协作者都可以迅速地从其他协作者那儿得到反馈信息。在数字教室中，同步协同设计比异步协同设计的实现要困难得多，这主要是因为同步协同学习需要在线实时传输学习信息和协作成果、需要有效地解决知识并发冲突的问题、需要在各种学科与应用软件系统之间实现细粒度的在线集成，等等。

四、协同学习的交互体验

课堂交互体验，就是依托于课堂教学的现场，参与教学的两个主体即教师与学生之间，彼此调动全部的感知，以实现全面认识、理解，甚至交融。其中，交互是个体内部或个体之间连续作用与反应的过程，它伴随着个体内部或个体间的体验。交互体验的产生不仅对教师的感性认识有帮助，而且在发展学生的情感、态度、价值观等方面有独特作用。一般而言，课堂交互有对话式人际互动、笔触式人机互动和冥想式自我互动三种基本方式。

（一）对话式人际互动

这是课堂中最常见的一种互动形式。常体现为师生之间围绕着共同的话题展开对话与交流，此时既有言语符号系统的沟通和理解，又有非言语符号系统的交流与表达，以促进彼此对知识与内容的感悟。在对话中所体现的平等交往与互相尊重，正是学习共同体“外化——对话——内化”的核心表现。

（二）笔触式人机互动

在传统的课堂上，常见的互动媒介是“黑板 + 粉笔”；而到了学习共同体的时代，新型的互动媒介是电磁感应式交互式电子白板。这带来了笔触式人机互动，这种交互体验通过电磁感应笔与电子白板之间的互动进行信息传递与反馈，以达成沉浸与仿真上的体验。

（三）冥想式自我互动

冥想式交互体验通过反思等互动机能进行思考与分析，以得到认知与思想上的顿悟。反思既是自我唤醒的过程，通过反思的训练可以强化人们的自我意识，同时也是元认知在个体学习中的一种展现方式。它集中地体现为个体对自身种种学习状况的思考。

第二节 元认知研究综述

一、元认知的内涵

1971 年，美国发展心理学家 Flavell 提出了“元认知”的概念，自此开创了关于“元”研究的新浪潮。至今，学者们对元认知仍表现出孜孜不倦的热忱，因此积累了大量有价值的研究成果。其中，研究的热点是关于元记忆和元注意的发展。然而有趣的是，在如火如荼地对此进行了多年的研究后，在对整个研究的核心概念“元认知”的理解上，却仍众说纷纭，尚无定论。

（一）元认知的概念

Flavell 将元认知定义为“反映或调节认知活动的任一方面的知识或者认知活动”。

Brown 等认为，元认知是“个人对认知领域的知识和控制”。

Yussen 认为，“宽泛地讲，元认知可认为是反映认知本身的知识体系或理解过程”。

Weinert 则将元认知描述为“第二层次的认知：对思维的思维，关于知识的知识，对活动的反省”。

Patricia 认为，“元认知指关于心智运作的任一方面的知识，以及对这种运作的导向过程”。

Sternberg 通过将元认知与认知进行对比揭示其含义：“元认知是‘关于认知的认知’；认知包含对世界的知识以及运用这种知识去解决问题的策略，而元认知涉及对个人的知识和策略的监测、控制和理解。”

综上所述，虽然学者们各执一词，但其中不乏共同之处，即他们均认为元认知是以“认知”本身为研究对象的一种现象。而这恰是元认知最根本的特征。相对于其他人的观点，Flavell 作为元认知研究的开创者，他的定义在各项研究中最有影响力、最具代表性。本书亦倾向于以 Flavell 的观点作为元认知的基本界定。

（二）元认知的结构

与元认知的界定相似，关于元认知的结构，学者们也见解不一。其中争论的焦点是关于元认知的结构应该采用二分法还是三分法。前者的代表人物有 Brown 和 Barker 等，后者的代表人物有 Cavanaugh 和 Perlmutter 等。

持二分法观点的人认为，元认知结构包括元认知知识和元认知监控两部分。他们强调，元认知知识是主体通过经验积累起来的，是关于认知活动的一般性知识，即认知主体对影响认知活动的因素、各因素之间的相互作用以及作用的结果等方面的认识；而元认知监控是指主体在进行认知活动时，将自己正在进行的认知活动作为意识对象，不断地对其进行积极而自觉的监视、控制和调节的过程。元认知知识通过元认知监控起作用。

持三分法观点的人认为，元认知结构应当包括三部分，即元认知知识、元认知体验和元认知监控。其中，元认知知识与监控的内涵基本上与二分法一致。但三分法强调了认知活动中情绪体验的重要性，认为元认知体验对于个体的元认知结构而言是不可或缺的中介板块。

（三）元认知的实质

有学者认为，从本质上来讲，元认知是一种活动过程，而并非一种知识体系。它集中地体现为个体对当前认知活动的认知调节。他们强调，这种认知调节活动包括监测和控制两个基本过程。其中，前者指个体获取认知活动的进展、效果等信息的过程，后者指个体对认知活动进行计划、调整的过程。在机体运作的过程中，监测和控制两个基本过程彼此依存、互为因果，具体体现为：经由监测过程的结果而得来的信息将会指导控制过程的运作，而控制过程的反馈又通过监测渠道为主体所感知，并为下一次的控制过程提供进一步的信息。可见，监测和控制的循环交替运行，构成了机体的元认知活动，共同推动着认知活动的进展。

（四）元认知的要素

有学者认为，元认知包含了三个基本要素：元认知技能、元认知知识和元认知体验。其中，元认知技能是个体进行调节活动所必须具备的根本条件，元认知知识为调节活动提供基本的知识背景，而元认知体验则是调节活动得以进行的中介。三者的具体内涵如下：

1. 元认知技能

元认知技能即认知主体对认知活动进行调节的技能。个体对认知活动进行调节需要运用相关的元认知技能才能实现。如果个体不具备相应的元认知技能，那么调节活动就不可能发生。而个体运用元认知技能的过程，既可以是有意识的行为，也可以是无意识的运作。一般而言，在技能形成的初期，对技能的运用需要一定的意识指导；当这种技能高度发展时，它就会成为一种自动化的动作，可以在无意识层面下运作。

基本的元认知技能有以下三种：

（1）计划。计划指个体对即将采取的认知行动进行策划的过程。它既发生在认知活动的早期阶段，也存在于认知活动进行的过程中。前者具体体现为明确题意、明确目标、回忆相关知识、选择解题策略、确定解题思路等。而后者体现为个体在自己的认知活动中审时度势地进行灵活调整、变更等。

（2）监测。监测指对认知活动的进程及效果进行评估的过程，即在认知活动进行的过程中以及结束后，个体对认知活动的效果所作的自我反馈。一般而言，在认知活动的中期，监测主要包括获知活动的进展情况、检查自己有无差错、检验思路是否可行等；在认知活动的后期，监测主要表现为对认知活动的效果、效率以及收获的评价，如检验是否完成任务，评价认知活动的效率如何以及总结自己的收获、经验、教训等。

（3）调整。调整指根据监测所得来的信息，对认知活动采取适当的矫正性或补救性措施，包括纠正错误、排除障碍、调整思路等。调整可贯穿于认知活动的整个进程，体现出个体认知的能动性，即可以根据实际情况随时对认知活动进行必要的、适当的变更。

2. 元认知知识

一般而言，随着时间与事件的累积，个体逐渐储备起关于认知活动各种影响因素的相应知识。而这些来自于个体对于影响认知过程和认知结果的因素的认识，就是元认知知识。

在元认知活动中，元认知知识是活动得以进行的基础。它构成了元认知活动的必要支持系统，为调节活动的进行提供一种经验背景。就活动的本质而论，认知调节就是对当前的认知活动进行合理的规划、组织和调整的过程。在这个过程中，个体对自身认知资源的特点是否认识、对任务类型是否了解以及对关于某些策略的知识是否掌握，对调节活动能否顺利开展与完成起着关键的作用。个体正是根据这些知识而对当前的认知活动进行组织，可见，元认知知识的储备有着重要的价值与意义。

3. 元认知体验

元认知体验是指个体对认知活动相关情况的觉察和了解。在认知活动的初期，元认知体验主要表现为个体对任务的难度、任务的熟悉程度、对完成任务的把握程度的体会和感受；在认知活动的中期，它则是个体对当前进展情况的把握、对自己遇到的障碍或面临的困难的感受；在认知活动的后期，它主要是关于目标是否达到、认知活动的效果与效率的体验以及关于自己在任务解决过程中的收获的体验。

有学者强调，元认知体验是元认知活动的要素之一，是元认知知识和认知调节之间、元认知活动和认知活动之间的重要中介因素。具体体现在两个方面：

一方面，元认知体验可以激活相关的元认知知识，使长时记忆中的元认知知识与当前的调节活动产生联系。在静态的元认知知识与动态的调节过程之间，元认知体验起着关键的作用，它是连接二者的中介。在具体的运作过程中，元认知体验对当前认知活动有关情况的觉察或感受，会激活记忆库中有关的元认知知识，将它们从“沉睡”的状态中“唤醒”，并使它们出现在个体的工作记忆之中，从而能够为个体的调节活动提供指导。

另一方面，元认知体验可以为调节活动提供必需的信息，有利于调节过程有方向、有针对性地运作。一般而言，个体通过进行反省性的自我提问，可以激发相应的元认知体验。以问题的解决过程为例，在认知活动的早期，通过向自己提问“它属于哪种类型?”、

“这方面我知道哪些基本知识?”、“它有多难?”等，可以使个体产生关于题目的熟悉程度、难度以及成功解答的把握程度等方面的元认知体验；在中期，通过向自己提问“它进展得如何?”、“我遇到了什么困难?”、“障碍在哪里?”等问题，可以使个体产生关于活动的进展情况、障碍等方面的元认知体验；在认知活动的后期，通过提问“目标是否达到?”、“还有没有更好的解决方法?”、“我学到了哪些知识?”等，可以使个体产生关于活动的效果、效率及收获等方面的元认知体验。这些体验既能激发个体相关的元认知知识，又能为调节过程提供必要的信息，从而能使元认知活动进行得更顺利。

二、元认知培养和训练的理论依据

国内外学者根据对“元认知”的研究，提出了一些颇具新意的智力模型。其中，国外以斯腾伯格 1985 年提出的智力三维理论与戴斯和奈格莱瑞 1990 年提出的“PASS 智力理论模型”较具代表性，而国内则以董奇的思维结构理论较具代表性。这些理论可以说是元认知培养和训练的理论基础。

（一）智力三维理论

1985 年，美国心理学家斯腾伯格提出了智力三维理论。他认为，一个完备的智力理论必须对智力的三个方面予以说明，即智力的内在成分、智力成分与经验的关系及智力成分的外部作用。

首先，斯腾伯格认为，智力的内部构成涉及思维的三种成分，即元成分、操作成分和知识获得成分。元成分指控制行为表现和知识获得的过程，它负责行为的计划、策略与监控，如确定问题的性质、选择解题步骤、分配心理资源、调整解题思路等。操作成分是指接收刺激并将信息保持在短时记忆中，继而从长时记忆提取信息来比较刺激，最后作出判断反应的过程；它负责执行元成分的决策。知识获得成分是指用于获取和保存新信息的过程，它负责新信息的编码与存储。

智力的第二个方面涉及内部成分与外部世界的关系，它指根据经验调整所运用的成分从而获益的能力，也称为经验性智力。经验性智力既包括有效地应付新异事物的能力，也包括自动地应付熟悉事情的能力。在非常熟悉任务的时候，良好的表现依赖于操作成分的自动执行，如阅读、驾车、打字时的自动编码等；而在不熟悉任务时，良好的成绩则依赖于元成分对推理和解决问题的辅助方式。

最后，在日常生活中，智力是适应环境、塑造环境和选择新环境的能力。智力的这方面特点又称作情境智力或实践智力。为了达成目标，凡是有一定智力的人都会运用操作成分、知识获得成分和元成分。但是，智力行为是因条件的改变而变化的，在不同的情境中，人的智力行为有不同的表现。

（二）PASS 智力理论模型

1990 年，戴斯和奈格莱瑞根据神经生理学的成果提出了认知活动的 PASS 智力理论模型。PASS 是指“计划—注意—同时性加工—继时性加工”。它包含三层认知系统和四种认知过程。其中注意系统又称为注意—唤醒系统，它是整个系统的基础；同时性加工和继时性加工系统称为信息加工系统，处于中间层次；计划系统处于最高层次。这三个系统协调合作，保证一切智力活动的运行。

智力三维理论和 PASS 智力理论模型都把元认知成分作为智力结构中最高层次的功能系统。PASS 模型中的计划系统与斯腾伯格智力成分亚理论中的元成分极为接近。这两个理论对人的行为和认知过程中的计划—监控—调节—评价系统的高级功能给予了足够的重视，从这一点来讲，从培养元认知入手来开发智力，具有充分的理论依据。

（三）思维结构理论

董奇认为，“元认知的实质就是人对认知活动的自我意识和自我调节”。基于对思维活动结构的分析，他提出：人的思维结构包括目标系统、材料系统、操作系统、产品系统和监控系统等五大成分。其中，监控系统处于支配地位，对其他四个系统起着控制、协调作用，其功能主要表现在定向、控制、检查、调节等方面。无论是目标的确定与修改、材料的选择与组织、操作加工策略的采用与改变、产品结果的检查与信息反馈，都需要监控系统综合各方面的信息，进行分析判断，继而作出决策并发出协调与行动指令。可见，在思维结构的各要素中，监控系统（即元认知）起着控制整体、协调内外的作用，它的发展水平直接制约着思维结构中其他方面的发展，也集中反映了一个人思维、智力水平的高低。

三、元认知发展的过程与特点

元认知的发展指儿童的元认知能力随着年龄的增长而逐渐发展演变的过程。总体而言，儿童元认知能力的发展受制于其认知发展水平，主要取决于个体自我意识发展水平的高低。小学生自我意识的发展特点包括：自我评价由“他律性”向“自律性”发展、从依据具体行为进行评价向应用道德原则进行评价发展、从根据行为的效果进行评价向把动机与效果结合起来进行评价发展、从正确评价别人的行为向正确评价自己的行为发展。初中生自我意识的发展特点包括：对人的内部世界、内心品质发生了兴趣，开始要求了解别人的和自己的个性特点，了解自己的体验和评价自己；能够更自觉地评价别人的和自己的个性品质，但同青年或成人比较起来，评价别人的和自己的品质的能力不强、不稳定。高中生自我意识的发展特点包括：自我意识中独立意向发展；自我意识的组成成分分化；自我形象受到空前的关注；自我评价逐渐成熟；自尊心强。由此可见，元认知的发展到了高中阶段才有了长足的进步，这时个体才开始在学习和生活等方面综合运用各方面的能力。如他们会思考怎样学习才会取得好的效果；给自己确立学习目标，制订达标的措施；在学习过程中不断评价自己达标的情况，并根据反馈信息修正学习策略；能较主动地调控自己的学习过程，学习活动的自组织水平有了较大的提高；常自觉地反省自己的学习过程，不断地总结学习的经验和教训，等等。

具体而论，关于元认知发展的研究大多脱离不了儿童具体的心理发展过程，比如与记忆、注意等相关，与之相对应的认知活动称作元记忆、元注意等。

（一）元注意的发展

元注意的发展包括两个方面：元注意知识的发展和元注意监控能力的发展。

1. 元注意知识的发展

元注意知识包括关于认知主体的知识、认知任务的知识以及认知策略的知识等内容。研究表明，随着年龄的增长，儿童认识自身注意水平变化的能力逐步提高，对于干扰自身注意水平的因素的认识也随之提升，如能区分哪些因素有利于自身的注意水平，哪些因素会起到干扰作用。关于抵制诱惑的策略方面，有些事件能够将儿童的注意力从 A 转移到 B 上，对 A 而言，B 就是一种诱惑，它影响儿童对 A 的注意。儿童面对诱惑时，采取何种策略来抵制诱惑，也是元注意发展的一个重要方面。有研究者研究了儿童抵制诱惑的策略知识的发展情况，发现其抵制过程包括三方面：偏好判断（盖住诱惑物或露出诱惑物）、策略生成（想出抵制诱惑的策略）和概念构想（想象诱惑物的特性）。结果表明，不同年龄段的儿童，在选择策略上存在明显的偏好。

2. 元注意监控能力的发展

研究表明，从四岁开始，儿童就能够调整自己的速度以适应自身注意的各种需求；任务难度、动机、对任务的熟悉程度等都会影响监控功能的实现，如五年级儿童能自发地生成适当的策略以维持注意，二年级儿童则不能。当学生面临选择性任务（即相关和无关信息同时呈现）时，五年级儿童不能自发生成策略，直至初中，他们才能自发生成适当的策略。

（二）元记忆的发展

研究表明，元记忆技能发展水平与记忆组织策略有显著的关系。初中生的元记忆虽已达到了较高的水平，但真正能成熟地根据自身和对象特点灵活选择、确定恰当的组织策略则要到成人以后。

1. 元记忆敏感性的发展

敏感性指认知意识到何时需要记忆活动或者意识到某一特定条件下完成某一特定任务需要运用的记忆策略。Flavell 和 Wellmen 将其区分为对诱发活动的敏感性和对自发活动的敏感性。诱发活动是在有意识记的条件下个体对记忆活动的认知。研究表明，四岁儿童没有随意识记，他们在游戏情境下的记忆效果比学习情境下好；儿童随着年龄的增长，逐步学会使用概念来增进对任务的理解。所谓自发活动，相当于在无意识记的条件下儿童对记忆活动的认知。多项研究表明，在没有明确要求的条件下，初中生比小学高年级学生能更多地利用外部记录来帮助记忆。

2. 元记忆变量知识的发展

（1）个人变量知识的发展。研究表明，多数幼儿及一年级儿童认为其记忆能力比其朋友好，9～11 岁儿童则能认识到记忆能力因人因地而异。年龄在个人变量知识的发展中起重要作用，能力与知识随年龄的增长而不断提升。

（2）任务变量知识的发展。随着年龄的增长，儿童关于材料特性、学习情境及外部支持因素对记忆的作用的认识在不断提升。如对数量、噪音、朋友支持、学习时间等因素有正确认识的人数百分比逐年上升。

（3）对课文及其结构的知识的发展。研究表明，直至五年级，儿童才能把课文中的重要信息与其他信息区分开。

（4）有关完成“自然”任务的有用策略知识。关于儿童如何选择策略来完成一些日常生活中可能遇到的记忆任务，研究发现：策略数量随年龄增加；外部策略多于内部策略；随着年龄的增长，策略更为简洁、有效。

（5）对自由回忆有用的策略知识的发展。随着年龄的增长，儿童在图片分类作业中，采用范畴分类策略的人数递增，颜色分类策略先于范畴分类策略而发展。低年级儿童偏爱分组和复述策略，而高年级则偏爱语义分组策略。

（6）记忆变量相互作用知识的发展。有研究者以项目数量成功的可能性为自变量、成绩预测值为因变量，分别研究了3、5、8、10、19岁的测试对象对变量间相互作用的认识。只有19岁的测试对象比较恰当地反映出两个变量的关系。

3. 记忆监控能力的发展

（1）成绩预测准确性的发展。学前儿童对记忆成绩往往预测过高，而小学生成绩预测准确性则大大提高了。

（2）回忆准备性知识的发展。回忆准备性知识指学习者认为某种材料需要学习多久才能达到能够回忆的程度。研究发现，学生在回忆准备性知识的估计上存在着显著的年龄差异：幼儿及一年级儿童学习不足，常以为自己已能够回忆出来而停止学习，不能准确地判断应该学习到何时才能达到能回忆的程度；而二、四年级儿童的学习就比较接近能回忆的程度，这主要是年长儿童经常自测的缘故。

第三节　协同学习与元认知训练的整合

一、整合的意义

（一）整合的必要性

协同学习与元认知的整合体现了时代的需求，这首先是源于现代教育中存在的种种问题。这些问题表现在以下两个方面：第一，现代教育的封闭性。如现代教育忽视学生是开放的自组织、复杂的有机体，而对他们进行德、智、体、美的分离培养；忽视学生在教育中自主学习的主体地位，而把教育简单地看作是教师的单边活动等。第二，现代教育的脱离实际性。如现代教育忽视人、社会与自然协同发展的选择性与许可性，而简单地以一个统一的模式塑造不同的个体；忽视学生的基本需要而采用理想化的目标进行培养。由此可见，现代教育走进了封闭性与人为化的误区，与社会发展的需要脱节。

协同学习与元认知的整合体现了时代的需求，还源于协同教育理念的先进性。协同教育是遵循人、社会与自然发展规律，顺应历史、现代与未来发展潮流的教育，是哲学、科学、实践三位一体的教育，是人类生存与发展的综合艺术。它有利于促进人与环境协同发展，能体现教育与时俱进的可持续性。

（二）整合的可行性

整合是指一个系统内各要素的整体协调、相互渗透，从而使系统各要素发挥出最大的效益。把整合的理念应用于协同学习与元认知训练，可概括地体现为：分别把协同学习与元认知训练作为教学系统的要素，在充分考虑学科特点的基础上把二者综合起来，从不同的角度认识同一个问题，从而使协同学习与元认知训练的理念与方法得以相互协调、相互渗透，最终有利于教学系统发挥出最大的教学效益。

其中，建构主义学习理论为协同学习与元认知训练的整合提供了必要的理论支撑。建构主义学习理论的教学观最根本的是对认知过程中“同化”和“顺化”的主体的确认。只有“同化”和“顺化”与学习环境有机匹配，才能有效地实现对所学知识意义的建构。这也是建构主义学习观下课堂教学的出发点与归宿点。而协同学习与元认知训练的整合将有利于“同化”和“顺化”的实现，理由有二：第一，协同学习的运作将推动学生的“同化”、“顺化”及认知结构的“稳定性”、“清晰性”、“可利用性”。学生在教师的组织和引导下，师生展开讨论和交流，共同批判地考察各种理论、观点和假设，进行协商和辩论。在实际教学中，往往由学生自己先进行内部协商，寻求一个自己认为正确的结论，然后再通过“会话”的平台，提出各自的看法、论据，并对别人的观点进行分析和辩论，最终让学生自己得出结论。第二，协同学习的运作需要机体元认知的参与。建构主义学习理论特别注重培养和发展学生的元认知。元认知是指主体对自身认识活动的认知，它有两个基本功能：一是“知道”，知道自己拥有什么知识和经验；二是“监控”，监控指能用自己知识的某一部分应对某种特定的心智工作，体现为在协同学习的不同阶段中个体反思的倾向与能力。这种能力越强，个体对自身的驾驭能力就越强，在协同学习中的主观能动性也就越强。如在冥想式自由互动中，元认知如同学生心中的老师，能大大增强学生对知识意义建构的自信心，并随时告诉自己在什么情境下、使用什么知识与策略可以解决当前学习中的问题。

二、整合的原则

（一）协同性原则

协同性原则是指教育教学要遵循和谐竞争、协同发展的规律。教育教学中的人是开放的自组织、复杂的有机体，教育的环境是开放的整体，因此需关注个体与个体之间、人与环境之间的协同作用。教育教学中的人是自然的一部分，具有自然发展的潜能；人的自然性是发展性的基础，而发展性是自然性的延伸。人的可塑性是开放的、多元性的，创设开放的教育环境有利于学生的身心结构由无序向有序、由低级向高级方向发展。学校创建优秀班集体与培养优秀学生、创立先进的教育理念与培养优秀的师生，是相互依存、协同发展的。教育中需关注个体的智能结构和身心结构的资源整合与协同发展。

（二）情境性原则

情境性原则是指在教育教学的过程中，教师需创设有效的情境以利于培养学生多元的智力、非凡的想象力和杰出的创造力。学生学习的基本条件是“情境”，创设的情境能否把教学所需的相关“实际”浓缩在教学场景中，用形象生动的语言、图片、三维动画、互联网、远程信息等再现出来，将直接影响学生的学习动机。而学习动机又是激发和维持学生的学习活动并使该活动趋向设定目标的心理历程。因此，教师能否准确把握学生的原有知识结构、身心特点和建构能力，从而创设出有价值的教学情境，将直接影响学生学习动机的激发，从而影响其知识的建构过程。

（三）反思性原则

反思性原则是指在教育教学的过程中，师生对教育教学和相关的内容进行反思，通过反思监控、评估教学效果，体验教育教学过程的认知，总结认知经验与教训，培养师生的反思能力和元认知能力。在教育教学的实践中，教师通过培养学生的协作能力、应变能力、学习能力、创新能力等，如“将心比心”、“换位思考”、“与其说，不如说”、“扮演好自己的角色”等，从而培养学生多角度思考问题的能力，这将有利于学生认识事物的本质，认清各人在事物中的地位和作用，从而发挥各自的才能，实现不同的价值。可见，在教学中贯彻反思性原则，培养师生的反思习惯和反思能力，建构元认知知识，加强元认知体验，建立自我监控与环境监控相结合的机制，对于提高教育教学效果、实现培养目标有重要作用。

（四）最优化原则

最优化原则是指教育教学中教学过程与评价的最优化。其中，教学过程的最优化是一个系统，它包括教学任务、教学内容、教学方法、教学形式、教学效果等五个基本成分，又包括准备、进行、分析结果等三个阶段。教学过程最优化的实现需要教师认真钻研大纲，规划任务；研究学生，落实任务；优选教学内容，分出重难点；根据具体情况，选择教学方法；采取合理形式，实行区别教学；创造必要条件，保障教学能力；积极应对变化，调整教学活动；分析教学效率，确定最优进度。它体现为教学效果的最优化和教学时间的最优化。前者指每个学生在教学、教育和发展等三个方面都达到他在该时期内实际可能达到的水平（但不得低于规定的及格水平）。后者指学生和教师都遵守规定的课堂教学和家庭作业的时间定额。因此，教学过程的最优化评价可概括为：师生在一定条件下，用最少的时间和资源，取得最大的成果。

三、整合的方法

（一）教学组织中体现协同学习

常见的协同学习的课堂组织可概括为：学生以小组的形式参与，为达到共同的学习目标，在一定的激励机制下最大化地借鉴个人和他人习得的成果，彼此合作互助。实际操作中，可将全班学生依其学业水平、能力倾向、个性特征、性别乃至社会家庭背景等方面的差异组成若干个异质学习小组（每组3~6人），创设一种只有小组整体成功才能达到个人目标的情境，即小组成员不仅要努力争取个人目标的实现，更要帮助小组同伴实现目标，通过相互合作，小组成员共同达到学习的预期目标。其中，目标包括了短期目标和长期目标。前者指学生在协同学习中学到的知识更多、保持更长久，批判性思维更强；后者指学生进入社会后，能够得到更多的工作机会和更大可能地取得事（职）业的成功，由此有利于提升个体适应社会的能力。

具体的组织方法包括小组活动比赛法、交错学习法、共同学习法、小组调查法、计算机辅助合作学习法、大家动脑筋法和合作社法、思考—配对—分享法等。

（二）教学方法中渗透元认知训练

1. 元认知训练的内涵

元认知训练即对学生元认知知识技能的教授、培养与开发。其主要内容是教会学生根据自己的特点、材料的特点、学习的任务与要求等灵活地制订相应的计划，采取适当的有效策略，并在学习活动中积极地进行监控、反馈、调节，及时地修正策略和过程，以尽快和有效地达到目标。这实质上是设法让学生学会学习。

2. 元认知三要素的逻辑关系

在课堂上应用有关元认知的策略，首先应明确元认知三要素之间的逻辑关系。元认知技能、元认知知识、元认知体验三大要素对个体产生协同作用，使得个体得以实现对认知活动的调节。

首先，在认知活动中，调节活动是连续不断地进行的，个体反复运用有关的元认知技能，对认知活动作出连续不断的调节。其次，在元认知知识、元认知体验和元认知技能三者中，彼此之间是一种双向的相互作用的关系，具体如下：

（1）元认知体验可以激活记忆中相关的元认知知识，使之从长时记忆回到工作记忆中，为当前的元认知活动服务，帮助个体理解元认知体验的含义。

（2）元认知体验可以为元认知技能的运用提供必需的信息，使调节活动（即元认知技能的运用）具有针对性，而调节活动能激发新的元认知体验，从而为下一步的调节活动做准备。

（3）必要的元认知知识储备是进行调节活动的基础，它能为调节活动的进行提供指导，而调节活动能使个体积累新的关于认知活动的经验，从而对原有的元认知知识进行补充或修改。

另外，个体运用元认知技能对认知活动进行调节需要具备两个辅助条件，一是关于当前认知活动的体验，一是相关的元认知知识。同理，调节活动对元认知知识和元认知体验均会产生影响，一方面它能激发新的元认知体验的产生，另一方面又有助于对原有的元认知知识作出修改或补充。

3. 元认知训练的目的与途径

元认知训练的目的主要是：

（1）增加认知者的元认知知识，如关于各种认知作业性质的知识、认知策略有效性的知识、个人认知能力以及认知方式的知识等；

（2）不断地提高认知者在认知过程中的自我监测意识及其精确性，如强化其对认知活动进行反省、评估、反馈的意识，强化其尝试进行知识改组重建表述的意识；

（3）培养其对认知活动主动控制的能力，特别是以监测判断为依据，采用有效认知策略的能力，强化其认知活动的计划性、策略性、调控性。

元认知训练并不局限于采用哪一种方法，可以说，凡是有利于促进学生反思自己的思考过程并进一步调节自己思考策略的手段，都可以作为元认知的训练手段。一般来说，在学科中开展元认知训练的途径有两条，一是适用于各个学科的元认知训练方法，一是各学科根据本学科的特点自行构建的元认知训练方法。

第二章　课堂学习共同体：协同学习与元认知整合的主要落脚点

第一节　学习共同体概述

一、学习共同体的由来

1. 人类学习观的发展

从心理学成为一门独立的学科以来，人们对学习的认识大致经历了从客观主义（包括行为主义和认知主义）到建构主义（包括个体建构和社会建构）的过程。它们对学习所下的定义各不相同，从不同的侧面揭示了学习的本质：行为主义认为学习是刺激—反应之间联结的加强，认知主义认为学习是认知结构的改变，人本主义认为学习是自我概念的变化，建构主义认为学习是知识的意义建构。

目前，人们大都将上述两者对立起来，并且认为建构主义更具先进性，故试图用它取代客观主义。然而，通过对人类学习意义的求索，能使人获得以下认同：无论是行为主义、认知主义、建构主义抑或情境主义等理论，都各有其合理性，区别仅在于它们的聚焦点不同，分别关注于学习的不同层次和不同侧面。美国著名教育心理学家格里诺（J. G. Greeno）等人对以上几种学习理论进行了精辟的分析并指出："行为主义原则倾向于从技能的获得来看学习。认知的原则倾向于从概念理解与思维和理解的一般策略的增长来看学习。情境的原则倾向于从更有效地参与探究及对话的实践活动来看学习，这些实践包括概念意义的建构和技能的使用。"

由此可见，学习是学习者与学习环境不断相互作用的过程，这种相互作用既包括学习者与学习内容之间，也包括人与人之间，即学习者与助学者之间和学习者相互之间的作用。不难看出，人类的学习活动的性质是学习共同体的活动。

2. 学习共同体的提出

在教育领域对"共同体"进行探索，最早可以追溯到美国教育家约翰·杜威（John Dewey），但他并没有提出"学习共同体"的概念，只是其"学校即社会"、"教育即生活经历，而学校即社会生活的一种形式"的理念包含了这样的含义。

博耶尔在 1995 年发表的题为《基础学校：学习的共同体》的报告中，首次提到了"学习共同体"的概念。为了建立学习共同体，他提出：必须有共享的愿景，成员间能够彼此交流，人人平等，有规章纪律的约束，气氛是快乐的，教师要关心照顾学生。

学习共同体的提出是以维果茨基的心理发展理论、社会建构主义的教育理论为理论基础的。这两种理论主要强调学习是通过活动获得的，知识是在社会性的活动中自主建构的。由于人类的学习活动是共同体的活动，加上对学习环境、人际交往等在个体学习活动中作用的重视，因而"学习"与"共同体"相结合而成的学习共同体成了人们研究学习与教学的重要对象。

二、学习共同体的基本概念及其分析

1. 学习共同体的基本概念

"学习共同体"是文化生态学对课堂学习的描述。文化生态学认为，凡是以社会协商的方法建构知识的团体都可以称为学习共同体。班级可以看作是一个学习共同体，学校可以看作是一个更大的学习共同体，而班级中的小组也可以认为是小型的学习共同体。区县、地市教育局可以将所管辖的中小学，甚至幼儿园组织起来形成较大范围的学习共同体。借助网络的帮助可以形成全国的，甚至世界范围的，跨越不同行业、不同专业、不同学科领域的，基于网络的学习共同体。

迄今为止，对学习共同体的概念已有多种描述，主要的几种可概括如下：

（1）日本东京大学佐藤学教授将21世纪的学校设定为“学习共同体学校”，认为“学校是学生共同学习成长的场所，是教师作为专家相互学习的场所，是家长与市民参与教育实践并进行学习的场所”。

（2）学校、班级学习共同体是一种基层学习集体，它由学习者（学生）和助学者（教师）共同组成。他们共同完成学习任务，以促进成员的全面成长为目的，在学习过程中以相互作用的学习观为指导，通过人际沟通、交流和分享各种学习资源而相互影响、相互促进。

（3）我国学者张建伟（2000）将学习共同体定义为“一个由学习者及其助学者（包括教师、专家、辅导者等）共同构成的团体，他们彼此之间经常在学习过程中进行沟通、交流，分享各种学习资源，共同完成一定的学习任务，因而在成员之间形成相互影响、相互促进的人际联系。”

（4）Myers和Simpson（1998）将学习共同体定义为“一种每个人都在学习的文化氛围，在其中，每个人都是一个完整的个体，每个参与者都为学习和共同受益而负责”。

（5）学习共同体是将多门课程融合到一个教学活动程序中的课程设计。

结合我国教育教学实践的具体情况，我们可以把学习共同体定义为：在一定的学习理论指导下，由学习者与助学者或学习者与学习者共同参与，为了达到共同的学习目标，在一定的环境中共同学习，分享各种学习资源，进行相互对话、交流和沟通，分享彼此的情感、体验和观念，共同完成一定的学习任务，从而形成的稳定的学习关系或学习组织。学习共同体的成员对共同体具有较强的认同感和归属感。

2. 学习共同体的属性分析

学习共同体具有许多重要属性，现分析其中一些基本属性，列表如下：

学习共同体的基本属性

属性	内容	表述
主体	学习者与助学者	包括在校青少年学生和成人学生、在职参与学习的成人以及终身学习的成人等学伴、教师、专家、家长、社会成员……他们相互学习，共同进步，构成学习共同体的主体。
主体特征	具有共同目标	学习主体不仅对学习目标具有认同感，而且具有一种特殊的心理特征：对于共同体有归属感。正是这种认同感和归属感使得共同体各成员之间形成一种互助的关系，促使他们积极地参与学习活动，完成智力，尤其是非智力的发展。
条件	学习环境	包括物化设备、人力支持、信息资源等学习资源。

（续上表）

属性	内容	表述
活动方式	进行相互对话、沟通和交流	学习是一个活动过程。在此过程中，学习者与学习者、学习者与助学者、助学者与助学者之间通过对话、沟通交流学习，通过赞扬或批评强化动机，通过互相支持和帮助认识与解决问题，实现共同进步。
表现形式	人际关系	在学习共同体中形成有序的（可能通过某种组织机构来实现）、相互影响相互促进的人际关系。成员之间既竞争又合作，彼此的价值和人格得到尊重。他们具有良好的自我感觉，在民主的氛围中各司其职，形成和谐协调的人际关系。
作用范围	交流群体	小组、团体、班级、学校、家庭、社会（范围可以是区县、城市、地区、国家，甚至整个世界）。

三、学习共同体的基本形式

（1）按参与的成员划分，可以分为“师—生”型、“生—生”型和“师—师”型。“师—生”型是教师（或者是专家、学者等）作为助学者、学生作为学习者的形式，是学校学习共同体的基本形式。

“生—生”型是学生之间自发组织建立的一种互相学习、互相帮助的形式，它强调学生之间的自主合作。在学校里，这样的形式已经越来越多。

“师—师”型是学校的教师围绕一定的学习任务而组成的团体，这是因为教师不仅是教育者，也是一个学习者，也需要加强学习，不断提高自己。如目前有些学校成立的教师专业协会等就属于这种形式。

（2）按组织的层次划分，可以分为班级学习共同体、校内学习共同体、校际学习共同体等形式。在传统教学中，教师、学生同在一个教室中参与教学活动，彼此之间容易进行面对面的交流，自然而然会形成一定的学习共同体，比如一个小组、一个班级乃至一个学校，都可能成为一个学习共同体。班级学习共同体是以一个班为单位或班内自然建立的学习共同体。校内学习共同体是由一个学校或校内联合而组成的学习共同体。校际学习共同体是由学校之间构成的学习共同体，如校际联盟、学区、合作团体，都可以发展为学习共同体。这种形式应该得到更广泛的发展，因为校际之间的学习交流有利于处于不同学风、校风下的学生之间的互补，有利于发挥学生之间的比较优势。

（3）按学习对象的特征划分，可以分为理论学习共同体、实践场和实践共同体。创设共同体基于问题的学习，即在学习过程中，教师向学生呈现真实的社会、商业或教育问题，学生自己提出对问题的看法以及对问题的解决方法，就像自己在真实世界中对待这个问题一样进行工作，而不是简单学习现有的方法。

理论学习共同体指的是学习者的联盟，从一定意义上可以看作是学习者的共同体基于理论学习而组织起来的团队。实践是学习的本质，在学习过程中建立实践场和实践共同体，才能真正使学习在多元、复杂的过程中达到学习者三位一体关系（学习者与客体的关系、学习者与自身的关系、学习者与他人的关系）的完美结合。

实践场是学习者为达到学习目标而创设的功能性学习情境；学习是有意图的、积极的、自觉的和建构的实践。其基本过程表现为“互动的意图—行动—反思”，即学习者有能力表述自己的学习意图和策划行动，行动是感知和自觉思考的整合。

莱芙（Jean Lave）和温格（Etienne Wenger）在《情境学习》（Situated Learning）一书中提出了“实践共同体”的概念。他们将一群分享利害与共的事情、针对共同的问题或拥有对某个主题的热情，通过持续的互动，以获得关于某个领域更加深入的知识或者专门技术的人界定为“实践共同体”（community of practice）。

四、学习共同体与学习型组织的关系

学习型组织和学习共同体的实质基本上是相同的。在英语中，学习共同体是 learning community，学习型组织是 learning organization，前者是学习的共同体（社区），后者是学习的组织机构。前者适用于社会上的任何团体机构，但更多的是学校和教育机构；后者更多地适用于企业，但也适用于学校、教育行政部门以及其他社会机构团体。

学习型组织是在科技、经济快速发展，社会急剧变革，知识更新、老化速度加快，知识和智力占据重要地位的新形势下提出来的。其核心可以概括为三句话、六大特点和五项修炼。因此，在开展学习共同体学习时应该对其精髓加以学习、理解和运用。

学习型组织的实质：①学习型组织是全体成员全身心投入并有能力不断学习的组织。当今社会竞争的实质是学习力的竞争。学校最重要的作用是激发师生的学习力，提高学生的学习动力、学习毅力和学习能力。②学习型组织是让全体成员体会到工作和学习中生命意义的组织。人的需求有生存、安全感、归属感、人的尊严和实现自身价值五个层次。只有当学生受到尊重，在学习中实现自身价值，意识到生命的意义时，他们才会乐于奉献，学习共同体也才会成功和辉煌。③学习型组织是通过学习创造自我、扩大未来能量的组织。

学习型组织的特点：①精简；②扁平化；③有弹性；④不断自我创造；⑤善于学习；⑥自主管理。

学习型组织的修炼：①自我超越；②改善心智模式；③建立共

同愿景；④团队学习；⑤系统思考。五项修炼是一个整体，相辅相成。团队学习和改善心智模式是基础，自我超越和建立共同愿景是向上的张力，系统思考是核心。前四项修炼都离不开整体的、动态发展的、本质的系统思考。

第二节　课堂学习共同体的建构

一、课堂学习共同体的概念

课堂是学习者聚集一堂的学习空间，是一种常见的学习共同体存在形式。

1. 定义

课堂学习共同体是一种基层学习集体，它由学习者（学生）和助学者（主要是教师）共同组成，以完成共同的学习任务为载体，以促进成员的全面成长为目的，在学习过程中以相互作用的学习观为指导，通过人际沟通、交流和分享各种学习资源而相互影响、相互促进。它与传统教学班级和教学组织的主要区别在于强调人际心理相容与沟通，强调在学习中发挥群体的动力作用。

课堂学习共同体的实质，是把教师和学生从“客位”的生活状态转向“主位”的生活状态。

2. 基本功能

课堂学习共同体具有两种基本功能：

（1）效能强化：建立学习共同体是满足学习者的自尊和归属需要的重要途径。在学习共同体中，学习者感到自己和其他学习者同属于一个团体，进行共同的学习活动，遵守共同的规则，具有一致的价值取向和偏好。学习者对共同体的归属感、认同感以及从其他成员身上所得到的尊重感有利于增强学习者对共同体的参与程度，维持他们持续、努力的学习活动。

（2）信息交流：学习者与辅导者进行交流，同时又与同伴进行交流和合作，共同建构知识、分享知识。在沟通交流中，学习者可以接收不同的信息、发现理解问题的不同角度。这将促使他们进一步反思自己的想法，重新组织自己的理解和思路，有利于共同建构知识、分享知识。

二、建构课堂学习共同体应遵循的原则

1. 共同发展

每个学习共同体都有一个共同的目标，所有的共同体成员都为实现这个共同目标而努力，期望在实现共同目标的过程中，实现自己的个人目标。在这个过程中，每个成员必须分享彼此的知识，谋求共同的发展，拓展集体的知识。

2. 尊重差异

只有当教育能够使每个人确立自尊感，使他们为自己的行为感到自豪时，它才能发挥真正的教育作用。所以，在课堂学习共同体中，必须充分尊重个体成员的差异，维护他们的尊严；学习者之间既要互相接纳优点及贡献，还要彼此尊重各自的个性。

3. 交互分享

在建构课堂学习共同体时，必须建立一个机制来确保个体获得的知识和技能及个体的经验可以在共同体内得以共享。学习共同体的发展离不开每个参与者的努力；而成员之间彼此分享知识和经验，不仅可以促进自身的发展，还可以实现共同进步。

4. 平等民主

平等民主是指在课堂学习共同体中教师不再具有绝对的权威地位，学生也不再处于被动地位。教师将一些权力下放给学生，使学生的主动权、发言权和决定权加大，师生之间的关系呈现出一种民主、平等的和谐景象。

5. 相互倾听

相互倾听是成功地进行学习、实现主体性的前提。只有在“用心相互倾听的教室”里，才会产生语言和情感的共振。大量的观察

表明，善于倾听的人通常也是擅长学习的人，而只顾自己主动学习、盲目发言而不尊重他人想法的人通常不可能是学习的佼佼者。相互倾听还有利于共同体成员之间感情的维系，增强学习共同体的凝聚力。

三、课堂学习共同体的行动策略

1. 创建和谐、民主、平等的学习环境

学习是在特定的情境下，学习者借助外界的帮助、利用必要的学习材料通过意义建构实现的；“情境”、“协作”、“会话”和“意义建构”是学习环境的四大支柱。其中，学习情境的创设对学习者进行意义建构起着决定性的作用；协作学习的交互作用和积极的自我概念，使学习过程不仅是一个认知过程，而且是一个交往与培养学习者社会能力和民主价值观的过程；会话可帮助学习者从其他同伴的多种解释中认识到认知的灵活性、获得知识迁移的能力，并对所学的知识进行意义建构；意义建构使学习者全面正确地完成对所学知识意义的获得，成为整个学习过程的最终目标。

（1）建立学习共同体的目标。在学习共同体形成之前，必须考虑每一个学习者的学习背景、学习需要以及学习兴趣等，并在此基础上构建学习共同体的目标。这些目标必须能使共同体成员产生同舟共济的共同体意识和情感，激发成员积极参与共同体的各种活动，贡献自己的经验、体验与智慧，赋予行动以意义，形成“人人为我，我为人人”的相互依赖关系。

（2）组建学生异质学习小组。在课堂中建构学习共同体并不是指整个班级构成一个学习共同体，而是将班级成员分成几个异质小组，每个小组是一个学习共同体，这样小组成员间的合作与各小组之间的竞争可以更有效地促使学习活动的进行，达到理想的学习效果。分组时，教师要依据学习主题的复杂程度确定小组的大小，进而确定小组成员。确定小组成员要本着异质、多种专长的原则，这就要求教师必须对学生有充分的了解，例如了解每个学生的兴趣领域、能力范围、基本背景等。

(3) 创建共享话语权的对话式教学平台。学习共同体要求师生之间、生生之间共享话语权，它是一个共享精神、知识、智慧和意义的过程。如果不保持共识、容忍差异，就不可能产生平等对话平台，不可能进行真正意义上的精神追求和理性培养。共享话语权，意味着发展，意味着创造。当我们创建一个学习共同体时，当我们为此拥有一个共享话语权的环境时，一切都发生了变化，人们将从中获得广泛的经验和重组的生长性知识，分享别人的想法和所思考的内容，自身的想法或多或少会有所改变。

(4) 营造民主、平等、和谐的课堂文化。课堂环境的创造本身是一本无声的教材，潜移默化地影响着学生，这种影响是隐性的、持久的、深入学生内心的，体现了知识共享的精髓。教师有责任创设一个平等、民主、共享的课堂。民主、平等的理念并非要求教师和学生拥有平等的知识量，而是要求教师承认学生作为“人”的价值所在，承认学生作为具有独立人格的个体，享有作为人首要的权利和尊严，有自己的思想感情和需要、自己的个人经验与个体差异。同时必须注意到，这种平等并不排斥教师的知识引导地位，教师作为某一知识领域的特长者，他应起到引领的作用。

2. 实现课堂学习共同体的自生成

主要包括以下四个层面：

(1) 实现从“听者”到“说者”的转化，让课堂成为倾听学生声音的场所。学习共同体的形成依靠共同的文化意识和共同的精神心理，而这种共同性依赖于成员之间彼此持续不断的联系和沟通。互动与对话是共同体发展的基础保障，与共同体的形成、建立、维持、生存和不断的发展循环息息相关。

(2) 实现从接受知识到学会认知的转化，让课堂成为学生智慧生成的场所。对话是一种情境，共同体成员可在其中通过交流分享信息、观念，引发集体思考。对话的过程，是共同体成员从各自理解的前结构（原有的知识背景）出发，通过多向、多次的互动，使个体的认知结构不断改组与重建的过程，是新知识、新理念产生与创造的过程。

(3) 实现从个人视界到理解他人的转化，让课堂成为学生学会对话与交往的场所。教学对话的重点是教师能有效地利用提问引导学生从不同的视角进行思考和体验。提问可作为对话的有效方式。需要注意的是，提问不是为了有效地获得正确的答案，而是为了更深入地挖掘问题的实质。

(4) 实现从知识学习到精神相遇的转化，让课堂成为关照学生生命价值的场所。从某种意义上讲，教学主体之间的对话合作本质上是共享知识、共享经验、共享智慧、共享生活意义和生命价值的过程。要将课堂发展成为真正的学习共同体，必须通过教师、学生等成员间的互动沟通与合作对话形成群体之间共同的精神、文化价值与心理倾向，并通过不断的集体性互动激发和维持学习共同体的生命活力。

3. 构建教师学习共同体

课堂中建构学习共同体的关键是教师角色的转变和权限的变化。在传统的课堂教学中，教师是整个学习活动的主导者和主体。而在学习共同体中，教师为学生的学习活动提供反馈和引导，促进他们的交流和反思活动，扮演着组织和引导学生定位活动的角色。

使同类或相近学科的教师建构成学习共同体，一方面有利于教师交流探讨教学大纲、教学方法，一起开发研制教学辅助资源，使之更适合学习者的学习；另一方面有利于教师协作开展课题研究，把真实的场景引入教学，与最新的技术发展方向和实际应用水平相结合，使教学内容不断更新和发展。

4. 精心设计编排教学内容

(1) 精心设计学习主题并完成相关学习资源的准备，可以简明清晰地介绍与学习主题相关的重要基本概念，较好地理清知识框架结构，有利于学习者明确知识的全貌和各知识点之间的联系。

学习主题的设计：并不是所有的学习主题都适合在学习共同体

中探究，教师要依据教学大纲选择适合在学习共同体中共同学习的主题。学习主题的选择要具有开放性、真实性和复杂性，让学习者感觉到问题具有挑战性、探究的意义。

资源准备：资源包括课程资源、信息资源、人力资源、技术资源等方面。课程资源主要是与学习共同体的学习主题相关的专业资源，包括教材及相关专业资料等；信息资源指与学习共同体主题相关的各种信息资料；人力资源是指学习共同体成员的准备，包括学习者和助学者；技术资源指一定的技术支持，如电脑、技术软件、相关的机器设备等。

（2）精心设计教学策略。教学策略的设计要具有开放性、活动性和交互性。设计教学策略的步骤是：先根据“最近发展区”理论，循序渐进地安排教学难度，提供带有难度的内容，调动学生的积极性，发挥其潜能；再根据实践共同体“合法的边缘性参与”原理，沿着从边缘旁观者→边缘参与者→一般参与者→核心参与者→合格者的成长路线安排教学内容。

5. 执行有序化的课堂教学过程

通过设计并执行规范有序的教学过程，教师与学生可以有效地分享彼此的想法、经验和知识，交流彼此的情感、体验与观念，丰富教学内容，求得新的发现，实现学生全方位参与课堂教学、全过程参与知识的学习与建构，从而达到师生共识、共享、共进，实现教学相长，形成“课堂学习共同体”。

（1）课前预习。根据教师事先公布的与知识点和教学难点相关的课前预习题或教材内容，学生查阅资料，对照自己显性知识与教材知识的融合性，做好充分的活动准备。

（2）要点教学。在学生做好课前预习的基础上，教师启发性地传授理论难点，师生一起搭建知识框架，使学生不断增加学科专业知识，掌握解决问题的方法。

（3）小组协作。学生异质小组对专题学习内容展开探究，完成自主练习，形成探究报告，主动建构学科知识。

（4）交流协商。按照学生组内→学生组间→师生间的一般顺序的交流协商，强化学生对学科知识的深入理解及对学习过程的多向反思。

（5）巩固拓展。学生异质小组协作完成具有较强操作性和挑战性的巩固拓展题，重新组织新获得的知识，解决生活实际应用的问题，实现知识迁移。

6. 多样化交流方式

协作对话是促进知识内化的重要环节。为了让学习者充分对话，全身心投入学习，我们的教学过程中主要采取了三种交流方式：

（1）对话交流。课堂学习共同体强调师生交往的“对话”。它是教师和学生各自凭借自己的信息背景和知识经验，通过心灵的对接、意见的沟通、思维的碰撞，从而实现知识的共同拥有和个性的全面发展。共同体中的每个人都是拥有自己的专长并能够为他人提供适当帮助的“专家”，因此应尊重其“专家”的身份，鼓励其通过对话协商，通过建设性的讨论、提问和批判质疑来认识知识的意义。在共同体成员形成并相互分享着各自的专长之时，共同体内部建构起新的知识，形成共同的智慧和信念，从而有助于应对单凭个人知识与能力所无法解决的学习任务。与此同时，每个个体成员通过积极地参与共同体中的活动而占有集体的知识，从而增强个人的知识与专长。

（2）合作交流。课堂学习共同体倡导合作交流学习，合作者在小组或团队内为了完成共同的任务、有明确责任分工进行互助性的学习，包括师生间的合作、学生个体间的合作、学生学习小组间的合作，也包括学生和家长的合作、学生与现代教学媒体的合作等。合作交流以开发和利用各成员的关系为基点，以全员互动合作为基本动力，以全面提高学生的学业成绩和人际交往能力为根本目标，表现出高效、低耗而又充满愉快的特点。

在师生间的合作交流中，教师把自己看成是与学生平等的合作者，积极为学生提供合作的条件，创造合作的情境，让学生在合作中体验成功的喜悦，感受共享信息的快乐，分享由此得到的振奋人心的学习效益。

（3）评价交流。课堂学习共同体要求个人责任与共同分享相结合。作为主体，成员不仅享受权利还要承担责任，即每个学生都不仅仅从共同体中获益，而且要对共同体的发展承担责任，应当树立“每个人的专长都是某一方面的、部分的，而不是全部”的理念。

为此，在开展生物主题探究学习、专题探究实验课等时，学生异质小组作为一个学习共同体，组长应要求每一位成员积极参与小组的工作，互相帮助，参与对他人或自我的评价交流工作。评价交流进行时，教师应该引导学生侧重从共同体成员在学习共同体中的参与度、对探究活动的了解度等方面，进行分析评价与反思，从而提高探究教学活动开展的有效性，避免共同体学习活动的盲目现象。在此，组内交流使评价得到协商，组间交流可从别人的成功经验中得到启发、由别人的错误引发自我反思，学生们因而完成学习方法、学习感受的交流，实现隐性知识的共享。

7. 多极的教学评价机制

传统的课堂一般采取单极的教学评价机制，即在评价目标上，以应试为主；在评价内容上，以知识的掌握为核心；在评价手段上，以量化为指标；在评价对象上，以教师为主体。换句话来说，就是所有的评价都围绕“教”这个中心作单极的、平面的运行。而课堂学习共同体注重评价的多样化、多元化，强调建立多维度、立体性的评价机制，即在评价目标上，以学生的个性发展为目的；在评价内容上，关注的不仅是知识的掌握情况，还要从能力、过程、方法、情感、态度等多个维度进行综合评价；在评价手段上，注重定量和定性相结合；在评价对象上，注意将教师的评价、学生的自我评价、学生间的相互评价相结合。

第三节 协同学习与元认知整合的课堂学习共同体

一、“协同学习与元认知整合的课堂学习共同体”的定义、显著特征与构成要素

（一）定义

所谓协同学习与元认知整合的课堂学习共同体，是指为完成课堂教学任务，学习者与助学者相互依赖、探究、交流和协作，成为元认知、动机、行为三方面的积极参与者，并把自己视为有能力、自我有效和自律者的一种学习方式。在这种学习的过程中，学习者与同伴开展包括协商、呈现自己的知识、相互依赖、承担责任等多方面的协同活动，实现对学习者自己的学习活动的有效计划、监控和调节。它强调共同信念和愿景，强调学习者分享各自的见解与信息，鼓励学习者协同探究以达到对学习内容的深层理解，注重学习者与助学者元认知水平的提升。

（二）显著特征

“协同学习与元认知整合的课堂学习共同体”的显著特征，主要有自主性、能动性、协同性和异步性等。

（1）自主性。“协同学习与元认知整合的课堂学习共同体”有其自主性的一面。每一个人尽管在学习习惯、兴趣爱好、需要与动机等方面各不相同，但他们在包括学习的、社会生活的方方面面都会表现出或多或少的自主性，主要表现在：学习者能对自己学习的多个方面作出选择和控制，相对独立地开展自主学习；能在课堂学习共同体中，自觉或不自觉地进行自我反思、自我评判。

必须指出的是，自主学习与自学是两个不同的概念。自学是学习者在没有外力的帮助下独立进行学习的方式。由于其学习的

过程中没有同学和教师相伴，因此要求学习者具有较高的学习自律性。而自主学习并不等于孤立地学习，它是学习者在教师的指导下主动地、有主见地学习，绝不是放任自流地学习，更不是自由散漫地学习。自主学习中的教师角色，不再以信息的传播者或组织良好的知识体系的呈现者出现，而是从“教师”转变为“导师”，从“教”学习者，转变为“导”学习者。学生的这种自主学习过程就是其利用各种认知手段、主动建构新知识的过程。

（2）能动性。“协同学习与元认知整合的课堂学习共同体”能使学习者最大限度地发挥其主观能动性，主要表现在学习者在知识结构的建构方面所具有的主体地位。在传统学习中，知识的呈现和吸收决定着知识的结构，因而教师的主观能动性对学生学习效能的影响最大；相反，协同学习中决定知识结构的是异质学生小组搜索（查找）、发现、选择、评价和运用信息，因而学习者的能动性最终决定学习的效能。从一定意义上说，“协同学习与元认知整合的学习”是学习者为完善自身不利条件而进行的学习。因此，学习者往往对自己的认知活动有十分清醒的认识，并能不断克服包括动机、情感、学习策略以及社会环境等方面的不利因素，朝着自己预定的学习目标不断努力并最终达到目标。

（3）协同性。“协同学习与元认知整合的课堂学习共同体”相当于一个协同体，使学习者与学习者之间、学习者与助学者之间的协同性大大提高。“协同”（协同性的简称）是自然的普遍属性，是和谐性与竞争性的统一。因为和谐是自然的生存法则，竞争是自然的发展机制，所以自然界的事物在和谐竞争中螺旋式上升，显现出开放与封闭、无序与有序、混沌与规律、耗散与凝聚、庞杂与优化、建构与解构的状态与规律。这些规律的应用对“协同学习与元认知整合的课堂学习共同体”有着重要意义。在教学过程中，教师要建立“专业协同体”，达到优势互补、分工合作、资源共享、协作双赢；学生要建立“学习协同体”，接受教师指导、分组学习、开放讨论、集思广益、互助互学、协同进取。“协同体”是人的社会性与教育的协同性在自然条件下的表现。

（4）异步性。“协同学习与元认知整合的课堂学习共同体”还具有异步性，主要表现为：它能引导学生在了解自身认知条件及元认知水平的基础上，制订出适合自己的具体学习目标，自主选择加入异质学习小组，在互助学习中发展自己的长处、弥补自身的不足，并对相应的学习结果作出自我评估。“协同学习与元认知整合的课堂学习共同体”的异步性充分尊重学生的个别差异，促进不同水平的学生得到差异的发展。

（三）构成要素

“协同学习与元认知整合的课堂学习共同体”的基本要素包括学习主体（包括学习者个体和学习者群体）、学习目标、学科知识、工具及资源、活动规则、活动分工、学习情境等。

1. 学习主体

在“协同学习与元认知整合的课堂学习共同体”中，学习活动的主要实施者是学习者个人和学习者群体（主要是助学者）。这里的学习者并非仅仅是指学生，也包括教师；不仅仅是学生个人，还涉及学生群体。也就是说，学习活动的主要参与者为学习主体。课堂学习共同体要实现的学习目标是最重要的，教学效益是第一位的，为此，共同体中的每一位成员都以某种方式为学习目标的达成作出自己的贡献。他们利用各自的优势，不仅在自己感兴趣的、擅长的领域确立威信，而且还带动共同体中其他的人共同进步。

学习者个体：尽管在学习共同体中，教师和学生都作为学习者在其共同的学习过程中分担着责任与主权，但学习最终的落实目标是学生，因此，这里的学习者个体主要指的是学生个体。

学习者群体：其主要成员是助学者。助学者包括教师和学生群体，必要时还可引介学科课程方面的专家、学者等。他们在与学习者个体的互动中发挥着重要的支撑作用。

（1）教师作为助学者。在我们的共同体中，教师扮演着与传统教学截然不同的角色。他不再是教学活动中唯一的主角，而是从传统的知识传授者与灌输者转变为学生知识建构的促进者、课程的开发者、群体的协作者、学生学习的高级合作伙伴。

（2）学生群体作为助学者。学生与学生之间的交往合作所形成的同伴群体，发挥着助学者的重要作用。在“生—生”的合作学习中，学生们分享各自的观点，受益于他人的贡献的同时，也对他人的学习作出贡献。这时，他们更易于接受和尊重同伴之间知识、能力等的差异。需特别指出的是，此共同体中学生之间的合作学习非常强调异质性，强调每一个学习者都有其特长，都能为共同体学习目标的实现、为帮助学习共同体其他成员解决问题作出自己的贡献。

2. 学习目标

概括地说，学习共同体的学习目标就是使所有的学习者掌握学会学习的能力。具体说明如下：

（1）追求学习者个体的全面发展、促进学习者个体专长及其“自我”的发展。这与现行课堂教学追求所有学习者在同一时间内掌握同样知识、同样专长的目标截然不同。为此，我们的共同体需完成的学习任务，是创造机会使成员充分发挥自己之所长，同时，及时地、适当地帮助他们“修补”其欠缺的领域。展开来说，就是要让学习者学会：①如何学习并对其学习活动进行反思；②如何成为批判型的思考者，知道如何形成问题，并能够对其学习的问题提出深刻的理解；③如何将自己的学习及其成果作为资源与共同体中的其他成员共享。

（2）形成团体的知识库和共同体的“自我”（即整个共同体的主体性），以应对复杂的问题。为此，我们的共同体注重培养和发挥学习者多样化的个人专长，以此为基础，借助各种学习工具和资源，通过共享机制而建构集体知识；学习共同体在运用集体知识解决复杂学习问题的同时，就形成了共同体的“自我”。

3. 学科知识

学习共同体的学习遵循现代学习观，即认为学习是一种群体实践的活动。因此，共同体中学科知识的存在状况以及对知识的掌握方式，与目前生物课堂教学对知识的理解和掌握，有着较大的差异，主要表现为以下几个方面：

（1）共同体内的生物学科知识具有真实性：学习共同体应该选择生物界真实实践中复杂的、开放性的问题作为组织学习的知识内容，例如物种濒临灭绝的问题等。因为这样的问题通常是一个需要共同体成员相互依赖、相互利用彼此的专长，共同付出合作努力才能完成的任务。这就意味着我们为共同体成员选择的学习内容，应当是实践中的复杂问题及解决问题所需要的知识。完成这一任务的前提，应该是对共同体成员个性差异的充分尊重，同时提供一定的机制促进每一个学习者在自己擅长的领域充分发挥其显性知识，并与共同体其他成员分享其所学及所得。

（2）共同体内的生物学科知识具有生成性：共同体知识内容的主题不能随机地选择，而应选出生物学科领域中与实践紧密联系的主要原理中深层次的、核心的知识，它们对于理解其他更宽、更广的主题内容，具有基础性、生成性的作用。在共同体内，学习者根据其个人对知识的感悟，促使自己寻求更多、更具深度的知识，然后与其他共同体成员分享，从而丰富学习者自身的个体知识。由此，在集体知识的生长和个体知识的增长之间，就产生了一种相互影响、相互支持、交互促进的关系。

（3）共同体内的生物学科知识具有分布性：学习共同体中的知识是分布性的，学习者能在其中找到自己感兴趣的、最有能力解决的观点或问题，使自己的专长得到充分的发展，同时他有责任与其他共同体成员共享其专长。也就是说，共同体中每一个成员的专长都是共同体学习及解决问题所必需的资源，是可供他人学习的知识。共同体中的学习者个人的所学不仅仅来源于自己的学习活动，还来源于学习共同体不同成员所参与的全部活动。这是因为共同体内的所有参与者可以通过观察模仿、交流对话，从其他人的“做”中学习并获益。通过“交往”的方式从别人处获得的知识，即杜威所说的“第三类知识”，它有助于个人突破其自身认知范围的限制，从而获取更大的提高。

4. 工具及资源

在学习共同体中，各种工具及资源（如文字资料、书籍、音像资料、CAI与多媒体课件、Internet上的信息）等人工制品，是学习主体作用于客体的手段，在人的思维与行为之间起着中介的作用。因此，为了支持学习者进行主动探究和完成知识意义的建构，在“协同学习与元认知整合的课堂学习共同体”的学习过程中，助学者必须竭尽所能地为学习者提供各种必要的学习工具和信息资源（包括各种学科教学资料、教学媒体、互联网以及学科专家等），使学习主体能够顺利地建构知识的意义、实现学习共同体的学习目标。

在我们的共同体的学习活动中，首先，上述的工具、媒体等资源并非用来辅助教师的讲解和演示，而是用于支持学生进行自主学习和合作式探究；其次，学习共同体中的工具和资源必须真正整合进课程、学习的进程中；再次，学习共同体与传统课堂教学更明显的区别之处在于，共同体的成员本身的知识与专长及其集体性知识与技能，都作为共同体的重要工具和资源，这些工具和资源的共享，将会对共同体目标的达成作出贡献。

5. 活动规则

学习共同体中的活动规则，是指管理和完善学习者个体与学习者群体之间交往活动程序的、规范和约束学习活动的外部规定、法则、政策和惯例，是共同体成员之间形成的内隐的社会规范、标准和关系。活动规则指导着学习共同体所有成员的实践活动，调整着整个学习共同体内的活动及各种交互关系。在学习共同体内的学习者了解所有的活动规则、程序和步骤，掌握指导、协作和表达观点的技巧后，他们对共同体的活动规则才能及时作出富有建设性的反馈，顺利地完成学习任务。

6. 活动分工

在学习共同体中，活动分工规定了学习者个体在共同体内具体的任务安排，是共同体成员用以达成学习任务的方式，主要涉及学习共同体内相互合作的成员的横向任务分配以及纵向的权力和地位分配。学习共同体中的活动分工是非常重要的，和谐而适当的分工会提高共同体的学习效率。共同体成员之间根据不同的学习内容、不同的学习情境而充分地协商各自的任务、角色和功能，作用于共同的客体，从而加快共同体的成长，实现整个共同体的目标。

7. 学习情境

“协同学习与元认知整合的课堂学习共同体”中的学习情境，并非指学习所发生的具体的局部的场景，而是真实行为所发生的社会性的活动系统网络。它既具有时间性，也具有空间性，是整个学习环境不可分割的重要组成要素。共同体为学习者提供的学习情境，应尽量贴近真实的实践，也就是说，将真实的学习任务置于真实的社会实践中，可以帮助学习者利用自己原有认知结构中的相关经验，同化和建构新知识，促进学习共同体的自我完善和发展。

二、“协同学习与元认知整合的课堂学习共同体”的活动框架

“协同学习与元认知整合的课堂学习共同体”是一个学习活动系统。本书借鉴并改造了恩格斯托姆等人的第三代活动理论中的活动系统模型，以描述“协同学习与元认知整合的课堂学习共同体”的活动框架。

1. 第三代活动理论中活动系统的构成关系

20 世纪 80 年代末，著名的活动理论研究者恩格斯托姆及其

同事出于对活动的共享意义的考虑，从系统观出发，对早期的理论框架重新组构，增加了规则、共同体等构成因素，使活动理论成为一个着重于将“活动系统”作为分析单元的社会文化分析模式。活动系统是集体性的人类建构活动，一个活动系统就是任何一个正在进行中的、以目标为导向的、历史条件下的、具有辩证结构的、以工具为中介的交往系统。家庭、宗教组织、社会团体、政治运动，一个学程、一所学校、一门学科、一个实验室、一种职业等，都可以被视为一个活动系统。如图 2－1 所示，从系统的角度来看活动的结构，其形态极其复杂。

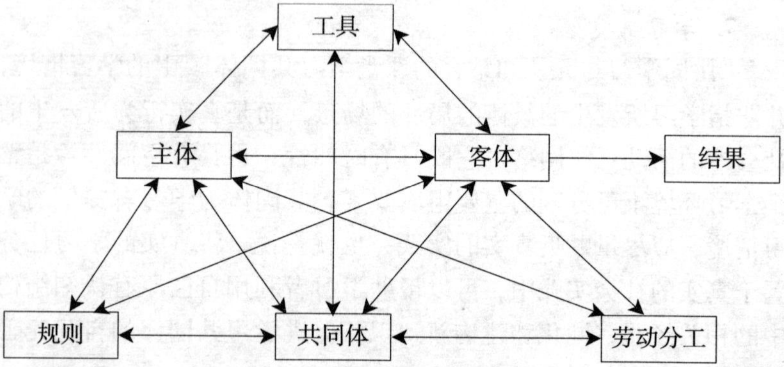

图 2－1　活动系统构成关系

在活动系统中，主体是活动的主要实施者，是活动中的个体。在对活动进行分析时，要以其特征为主要考量对象：客体是活动的目标；工具指的是起中介作用的内部或外部的人工制品，其使用有助于主体达成活动的目标；共同体由一个以上的人员构成，他们与主体有着共同的目标；规则调节着活动系统内的行动以及各种交往互动的关系；劳动分工则是指共同体成员之间横向的任务分配以及纵向的权力和地位分配。如图 2－1 所示，活动系统内的各组成要素之间两两互动，组成纵横交错的关系网络，构成一个复杂的系统。图中上面的三角形即是第一代活动理论所强调的主客体之间的、由文化工具充当中介的关系，表明的是个体的学习。下面部分则充分考虑了社会环境的中介作用。由此，个体的学习就不仅仅是文化工具充当中介，实践共同体，包括共同的规则、劳动分工以及共同体本身都发挥着学习的中介作用。学习在个体与群体之间动态地建构和重新建构着。

2. “协同学习与元认知整合的课堂学习共同体”活动框架

“协同学习与元认知整合的课堂学习共同体”的基本要素包括：学习主体（包括学习者个体和助学者群体）、学习目标、学科知识、工具及资源、活动规则、活动分工、学习情境等。为了说明学习共同体的运作状况，我们借鉴了恩格斯托姆等人的活动系统模型，提出由上述各要素组成的“协同学习与元认知整合的课堂学习共同体”活动框架。如图 2－2 所示：

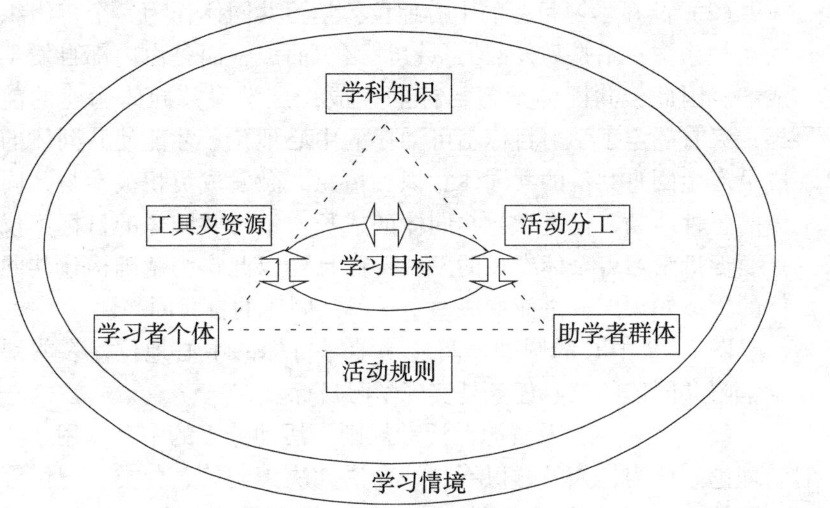

图 2－2　“协同学习与元认知整合的课堂学习共同体”活动框架

“协同学习与元认知整合的课堂学习共同体”活动框架的要点说明如下：

（1）强调学习者个体、助学者群体、学科知识三者的关系。课堂学习共同体是由学习者（学生）和助学者（主要是教师）共同组成的，以完成共同的学习任务为载体，以促进成员的全面成长为目的的，在学习过程中以相互作用式的学习观为指导，通过人际沟通、交流和分享各种学习资源而相互影响、相互促进的基层学习集体。因此，在“协同学习与元认知整合的课堂学习共同体”的活动系统中，由学习者个体和助学者群体组成的学习主体是活动的主要实施者，学科知识是课堂学习活动的对象。可以说，决定课堂学习共同体整体学习目标能否达成的重要元素，就是课堂教学的三要素，即教师、学生、学科知识。

图2－2中央的三角形，强调的是学习者个体、助学者群体、学科知识三者的关系，表明这是一个课堂学习共同体的学习活动，学习者与助学者之间是一种平等交往的关系。

（2）凸显学习目标的中心地位。学习共同体作为一个自组织的活动系统，不是靠外部力量设计组织而成，而是由内部自发生成的。因此，共同体学习目标的生成，是学习共同体构建的前提；只有确定了学习目标不可动摇的中心地位，才能使共同体的成员产生同舟共济的共同体意识和情感，激发成员积极参与共同体的各种活动，促进学习共同体的成长。学习共同体的目标不仅是要促进学习者个体专长的发展，而且要以此作为基础构建共同体的集体知识库，进而形成整个学习共同体的自我同一性。

图2－2中心的圆圈，凸显了学习目标的中心地位，表明课堂学习共同体的核心任务是实现学习目标。

（3）重视工具及资源、活动规则、活动分工的中介作用。活动理论家认为，人的意识不是一套诸如决策制订、分类、记忆等离散的、空洞的认知行为，它寓于日常实践中：你即是你之所为，你的所作所为紧密地镶嵌在你的社会环境中，该社会环境由人和人工制品构成。人工制品可以是物质的工具，也可以是如人类语言之类的符号系统。由此可知，活动理论认为，人类活动是由社会环境中的制品（技术工具）和符号（心理工具）所引发的中介过程。学习是一种人类活动，那么学习共同体自然需要中介。

在“协同学习与元认知整合的课堂学习共同体”中，工具及资源作为学习活动的中介，调整着学习者个体与学科知识之间的关系；活动规则作为学习者个体与助学者群体之间的中介，形成个体在共同体中活动的基础，调节着个体与其他成员及整个共同体的关系；通过活动分工，共同体成员（特别是助学者群体）明确了自己在与学科知识互动过程中的角色和任务，从而确保在根据共同体不同任务、不同学习目标所安排的学习活动中，学习共同体成员既分工又合作，共同实现共同体的目标。

图2－2中央的三角形的三条边，表示三角形中每两个顶点之间的中介作用，表明“工具及资源、活动规则、活动分工”在学习共同体中不可或缺的重要性。

（4）强调学习情境的培养基作用。学习可以说是一个学习者适应某一共同体文化的过程。学生，在学习某种学科知识时，必须首先走入一个相关的学习共同体，在这个共同体创造的学习情境中，利用它提供的在真实的实践活动中使用概念、工具、资源等的机会，适应并掌握这个共同体中的知识。因此，在“协同学习与元认知整合的课堂学习共同体”中，学习情境成为学习活动的培养基，滋养和培育着所有学习主体及其学习过程。

图2－2外围的圆环，表示学习情境弥散于整个共同体当中，体现着学习共同体的时空特性。

（5）从动态的层面关注学习共同体中各要素的互动。共同体中的学习者是具有很强自主性的个体，因此，必须给予共同体的成员一定的空间、一定的自由以指引他们自己的活动，他们才能作出恰当的决策。这种空间应该能够容忍学习共同体各个成员之间、共同体各个要素之间横向的差异和纵向的变化。

图 2－2 中心圆圈上的三个箭头，即泛化学习共同体中各要素的互动变化。

第三章　中学课堂教学中协同学习与元认知整合的策略设计

第一节　生物学课堂教学策略概述

一、教学策略的内涵

（一）教学策略与相关概念的辨析

1. 教学策略与教学设计

教育过程中有目的、有计划地安排学习经历以使学习更加有效的过程，称为“教学”。教学设计是规划一个学与教相互配合的序列，安排各种教学“事件”、“情境”与“刺激”，以唤起、维持并推动学习者有效学习的教学实践活动。我国权威辞典对教学设计的界定是：教学设计是对整个教学系统的规划，是教师教学准备工作的组成部分，是在分析学习者的特点、教学目标、学习内容、学习条件以及教学系统组成部分特点的基础上统筹全局，提出具体教学方案的过程。它包括一节课进行过程中的教学结构、教学方式、教学方法、活动形式、知识来源、板书设计等。

由此可知，教学设计是教学活动开展之前的准备工作，是对整个教学活动的计划和安排；其表达形式是教学活动方案。而教学策略自然要在教学的准备阶段进行设计、谋划，最后形成一定的方案。从这个意义上说，教学策略是教学设计的组成部分。

教学策略与教学设计各有自身的内涵，但在具体内容或环节上又有交叉和重叠。即进行教学设计时，要考虑教学策略的制订、选择与运用；选择与运用教学策略时，又必须通盘考虑教学的整个设计。而且，教学设计包括的范围比较广，既可以是对一节课或一个单元的设计，也可以是对整个科目的设计；教学策略的运用范围较窄，一般主要集中在某一课时、某一内容的范围内。

2. 教学策略与教学模式

教学模式是用于构成课程和课业、选择教学、提示教师在课堂或其他教学场合的一种计划或范型。它具有简约性、概括性、理论性和相对稳定性的特点。根据国内外有关研究，教学模式的概念可以表述为：以某种教学理论为指导，以一定的教学实践为基础，教学活动的各个成分按照一定的要求和程序整合而成的、比较固定的和具有典型性的教学实践形式。

从教学理论到教学实践的转化，是从教学理论到教学模式再到教学策略、教学方法、教学实践的系列活动。教学策略是对教学模式的具体化，教学模式包含着教学策略。教学模式规定着教学策略、教学方法，属于较高层次；教学策略比教学模式更详细、更具体，但受教学模式的制约。从教学研究的发展来看，先有教学模式研究，然后才有教学策略研究，这也反映出了二者的联系与区别。

3. 教学策略与教学方法

在教育理论和教学实践领域，教学方法都是十分活跃的部分。对于教学方法的概念，人们从不同侧面、不同角度给予了多方面的定义和界说。但对教学方法本质和规律的认识，至少在三个方面是比较一致的：①教学方法必须为实现教学目的、完成教学任务而服务。②教学方法是教师的教和学生的学相互作用的双边活动，这是教学方法概念的核心。教学方法包括教的方法和学的方法，两者不是机械地叠加，而是密切联系、相互作用的教学活动统一体的两个方面。③教学方法是一系列活动方式的总和。它不是教学工具和教学手段，而是对工具和手段的运用；不是某种固定的方式或动作，而是一系列的活动。

因此，教学方法比较准确的定义是：教学方法是为完成教学任务，教师的教与学生的学相互作用所采取的方式、手段和途径。也就是说，教学方法是解决问题即完成任务的具体办法，是一系列活动所采用的方式、操作手段、实施路径。它包含教与学两个方面的协调一致活动。从这个意义上说，有学者将教学策略等同于教学方法，是不恰当的。教学方法是更为详细具体的方式、手段和途径，它是教学策略的具体化，介于教学策略与教学实践之间，受制于教学策略。教学展开过程中选择和采用什么方法，受教学策略的支配。教学策略在层次上高于教学方法。教学方法是具体的、可操作的，教学策略则包含组合、监控、反馈、调节等内容，在概念外延上大于教学方法。

当然，在教学实践中，还有教学艺术、教学组织形式、教学手段之类的与教学策略相关的概念，其含义较为明晰，这里不赘述。

（二）教学策略的定义

教学策略是指在不同的教学条件下，为达到不同的教学效果所采用的方式、方法、媒体的总和，是为了达成教学目标、完成教学任务，在清晰分析教学活动的基础上，对教学的形式和方法作出安排并进行调节与控制等一系列执行行为的过程。

教学策略包含以下四层含义：

（1）教学策略包括教学活动的元认知过程、调控过程和执行过程。其中，元认知过程是教师对教学过程中的因素、教学进程的反思性认知。调控过程是指教师根据教学的进程及其变化而对教学过程的反馈、调节活动。执行过程是指教师在教学过程中采取的师生相互作用的方式、方法与手段的开展过程。

（2）教学策略不同于教学设计，也不同于教学方法，它是教师在现实的教学过程中，对教学活动进行整体性把握和推进的措施。

（3）教师在教学策略的制订、选择与运用上，要从教学活动的全过程入手和着眼，兼顾教学的目的、任务、内容以及学生的状况和现有的教学资源，灵活机动地采取措施，保证教学有效有序地进行。

（4）教学策略是一系列有计划的动态过程，具有不同的层次和水平。

（三）现行课堂教学策略的分类

关于现行教学策略的分类，不同的专家学者从不同角度对它进行了研究。从教学信息处理角度，它可分为产生式教学策略和替代式教学策略；从认知心理学角度，它可分为激发认知动机的策略、呈现认知内容的策略、渗透认知方法的策略、评价认知结果的策略等；从对信息处理方式角度，它可分为信息加工类策略、个性发展类策略、社会交往策略、行为系统类策略等；从教学活动实施角度，它可分为教学内容的组织策略、教学信息的传递策略、教学活动的管理策略等。

而我们比较认同的，与中学常规教学关系更密切的教学策略分类方法，是从教学过程构成要素的角度出发的。教学策略的设计和制订，一般是以教学过程的某个主要构成要素为中心，其他相关要素有机地依附于这个中心，以此形成一类相对完整的教学方案。根据教学过程的构成要素，可将现行的教学策略分为内容型、形式型、方法型、综合型等四种主要的类型。

（1）内容型策略。它是以优化教学内容为中心的教学策略，主要研究教学过程中如何有效地提供学习内容。

内容型策略分为两类：一类是结构优化策略。其主张抓住知识的主干部分，构建简明的知识体系，为学生提供合适的学习结构。另一类是问题化策略。它主要追求知识发生的过程，认为通过“个别—抽取特征——般原理”的程序可以优化教学，培养学生的问题求解能力。

（2）形式型策略。它是以优化教学组织形式为中心的教学策略。

形式型策略分为集体教学、小组教学和个别教学等三类：①集体教学的主要形式是班级授课制，一名教师可以教几十名学生，通过一定的规模产生较高的效益。②小组教学是按学生的能力或学习成绩分组进行教学的组织形式。这是针对班级授课不能适应学生的个别差异而提出的教学组织形式，对学生学习效率的提高帮助较大，但因规模小而使效益大大降低。③个别教学是解决学生个体差异的较极端的做法，它也不能解决规模效益和教育浪费的问题。

（3）方法型策略。它是以优化教学方法和技术为中心的教学策略。这是一个包含着各种各样的方法、技术、程序和模式的领域。

（4）综合型策略。与上述三种策略不同，综合型策略不是以优化教学过程中的某个构成要素为中心的策略，而是对内容、形式和方法三种策略的综合。它更多地是以教师的教学经验为基础。例如，盖奇曾从“过程—成果”的研究中总结出七种教学策略，具体地概括了教师的课堂行为。

二、生物新课程的新变化

生物新课程之“新”，主要体现在课程目标、课程内容、学习方式、教学评价和教学理念五大方面。

1. 生物新教材的三大突出特点及启示

（1）在内容编排上发生变化：新教材遵循学生思维发展的一般规律，几乎每一个章节的内容都渗透着探究的思想。因此教师在教学中，不能再按传统的教学模式先告诉学生结论、然后要求学生把该知识死记硬背下来，而应循着教材的探究过程组织教学，提高学生的探究能力。

（2）在内容呈现形式上发生变化：新教材增设了许多讨论题（如每一章节开头都有一个“问题探讨”，节中都有“旁栏思考”和“思考与讨论”，课后练习中还有“拓展题”），题型由封闭式变为开放式；演示和证明科学知识的活动转变成探究和分析科学问题的活动，实验由验证式变为探究式。因此教师在教学中，要巧妙地利用好这些材料，在不同的教学情境下运用逻辑推理和直觉等非逻辑思维来解决问题，使学生在自我监控中形成自己解决问题的新思维方法，激发学生的学习兴趣，从而促进学生探究能力的发展。

（3）在指导思想上发生变化：新教材渗透着 STS 教育思想，即强调科学、技术、社会的相互关系，重视科学技术在社会生产、生活和发展中的应用，突出关注社会现实问题，并以此作为指导思想组织实施科学教育。因此教师在教学中，要密切联系实际，结合学生熟悉的生活情境和已有的实际经验提炼学习素材，在丰富生动的现实生活中寻找学习主题，努力从生活和生产环境、电视和广播媒体、社会实践等挖掘素材，激发学生的学习兴趣，培养学生发现问题、分析问题和解决问题的能力。

2. 生物新课程教学方式和学习方式的迅速转变

新课程改革的重点之一是改变学生机械模仿、被动接受的学习方式，提倡学生自主探索与合作的学习方式。由于学习方式和教学方式是一个复杂的联合体，因此要实现学生学习方式的转变，首先应迅速转变教学方式。新课程教材为教师改变旧的教学方式，采用新的教学方式提供了广阔的空间。教师可以根据教学内容变换教学方式，如讨论式、参与式、辩论式、案例分析式、问题解决式、探究式、角色扮演及小组活动等。多样化的教学方式可为不同的课程内容选择，教师在一节课中可以只选择一种教学方式，亦可将几种不同的方式结合起来教学，目的是让学生在思考分析的过程中学习知识，也让学生在学习知识的同时学会解决问题的方法。

3. 生物新课程理念促使教学策略发生巨大改变

生物新课程标准遵循的课程理念是面向全体学生，提高生物科学素养，倡导探究性学习。

（1）面向全体学生。为了每一位学生的发展是推行素质教育的基本要求，也是新课程标准所遵循的教育价值观。新课程标准中面向全体学生的理念应包含以下几层意义：①新课程标准的要求是最基本的公民生物科学素养，是所有学生经过努力都可以且必须达到的基本要求。因此，教师在教学过程中应创造条件以完成教学任务，并达到教学目标。②新课程标准针对学生个性化的发展，要求每个学生都可以根据个人的水平参与教学活动，与他人合作与交流，共同进步，获得自身的充分发展。③新课程标准充分体现了“科学为大众”的理念，反对精英教育和选拔教育，强调应让所有学生在原有的基础上都得到最充分的发展。

（2）生物科学素养是学生科学素养的重要组成部分。新课程标准所规定的生物科学素养是作为一般公民适应社会生活、生产及生存所必需的基本科学素养，而不是作为生物科学家所需要的高、精、深学识。由此而决定了教师教学不应再追求生物学知识的完整性和系统性，不能再强调生物学科的继承与发展，而应着力于学生作为普通公民的生物科学素养的培养。这一点是新课程标准与过去生物学科教育的明显区别，也是课程改革的重要标志。

（3）开展科学探究被列为新课程内容标准中十大主题的第一个主题，意味着要求教师要把探究性学习贯彻于教学的全过程。

倡导探究性学习，要求改变教学的策略和方法，改变学生的学习方式；要求学生积极动手、动脑，主动参与学习活动；要求教师引导学生在各种科学探究活动中，培养学生学习的自主性、独立性，进而发展学生收集和处理信息、分析解决问题、交流合作等多种能力，尤其是创新精神和实践能力。

按照新课程的理念，“传递”知识应让位于“建构”知识，课堂“灌输”应让位于课堂“探究”。因此，新的课程理念使教学策略发生了四大改变：由注重知识传授向注重学生发展转变；由注重教师“教”向注重学生“学”转变；由注重结论向注重过程转变；由统一规格的教育向面向差异性的教育转变。

三、新课程背景下的生物学课堂教学策略

（一）生物学的知识分类及课堂教学策略设计的要点

经历了一轮“一个课标多个教材版本”的生物新课程教学后，教师们深刻地感受到：照本宣科的时代已成为过去，教学已经演变为教师针对教学内容和过程作出预测，并在实施过程中针对出现的诸多问题作出决定及执行决定的过程。因此，在新课程标准的统领下，结合学术界认同的“陈述性、程序性、策略性”三类知识分类，生物学课堂教学策略设计通常大致分为三类：

1. 生物学的陈述性知识及其课堂教学策略设计

陈述性知识，主要指有关“是什么”的知识，可分为：①有关事物的名称或符号的知识；②简单命题知识或事实知识；③有意义命题的组合知识，即经过组织的言语信息。生物学中的基本事实、概念、命题、原理（如真核细胞的结构怎样，生态系统的成分有哪些）等就属于陈述性知识。

在进行陈述性知识的课堂教学策略设计时，要将设计的重点放在如何帮助学生有效地理解、掌握这类知识上，注重学生对其符号或词语意义的获取。教师应特别注意以下几点：①找出新知识与原有相关知识的结合点，讲清两者间的相互联系，以帮助学生在理解的基础上有效吸收、同化新知识。②对学生的学习准备状况作认真分析，除了了解学生当前的学习状况外，还应对学生已有的知识准备、知识结构、学习动机和学习习惯作深入分析。③恰当引入教学媒体，如教具、学具、多媒体等的使用，使教材

的表达方式呈现多样化。

2. 生物学的程序性知识及其课堂教学策略设计

程序性知识，主要是有关“怎么办”的知识，是关于方法和应用的知识。可以说，生物学中的大部分知识都属于程序性知识，如如何培育无籽西瓜，怎样提高玉米的产量。

程序性知识的教学策略设计应确定的教学目标，主要是帮助学生形成运用概念、规则和原理解决问题的能力。为达到这一目标，程序性知识教学需特别做好充分的练习设计。其中在设计概念练习时，教师要注意呈现正反例：呈现正例有利于知识的概括和迁移，但可能导致泛化；呈现反例则有助于辨别易混知识，使概念精确。

3. 生物学的策略性知识及其课堂教学策略设计

策略性知识也是回答“怎么办”问题的知识。它与程序性知识的主要区别在于它所处理的对象是个人自身的认知活动和个体调控自己认知活动的知识，属于元知识。这类知识是渗透在各科学习之中的，没有专门和具体的学科内容。策略性知识分为两级：较低级的为一般学习活动策略知识，如控制与调节注意的策略、记忆策略等；较高级的是创造性思维的策略知识，这类策略往往是因时、因人、因内容而异的推理过程，难以程序化，目前尚未明确分类。

根据策略性知识的特点进行教学策略设计，需要解决三个难题：①课程问题。传统的课程没有把元认知策略的训练作为一个重要目标，教材中缺乏相应的内容，因此需要以单独开设学习策略课与在学科知识教学过程中渗透学习策略相结合的方式进行教学。②教师问题。策略活动是一种内在的思维活动，如何使这种内隐的活动让学生理解和仿效，关键在于具有策略性知识的教师能用形象的语言对这种思维活动进行描述并制定一套外显的和可操作的训练程序。③学生问题。学生具备的元认知策略制约着策略性知识的教学效果。因此，教师应提供大量的可供选用的学习方法和技能，帮助学生储存有关学习方法或策略的信息，引导学生生成适合自己的新策略。

（二）基于协同学习的生物课堂教学策略分类

协同学习是将全班学生依其学业水平、能力倾向、个性特征、性别乃至社会家庭背景等方面的差异组成若干个异质学习小组（每组3~6人），创设一种只有小组成功才能达到个人目标的情境，即小组成员不仅要努力争取个人目标的实现，更要帮助小组同伴实现目标，通过相互合作，小组成员共同达到学习的预期目标。

协同学习自其发展以来出现了许多方法，如小组活动比赛法、交错学习法、共同学习法、小组调查法、计算机辅助合作学习法、大家动脑筋法和合作社法、思考—配对—分享法等。这些方法适用于多门学科。

生物学科当然也可以根据教学内容、教学目标，选用恰当的协同学习方法来开展生物课堂教学。大致可分为以下两类：①同步协同学习的生物课堂教学策略；②异步协同学习的生物课堂教学策略。

第二节　同步协同学习与元认知整合的生物课堂教学策略

同步协同学习是一种紧密耦合的协同学习，多个协作者在相同的时间内，通过共享学习空间进行交互活动，并且任何一个协作者都可以迅速地从其他协作者处得到反馈信息。

一、“交错反思性学案学习”激活元认知知识的训练策略

1.“交错反思性学案学习”策略的操作程序

合作学习模式试图以小组学习的形式，通过学生之间的交

流、合作促进学生在认知、情感和社会性等方面的成长。交错学习法就是合作学习中为适合不同教学材料而设计的应用最广泛的三个教学策略之一。交错法一般适用于描述性的学习材料，所学内容最好是可以分解的事实性、分析性知识，而不宜为某种技能。

（1）确定异质学习小组。将全班学生依其学业水平、能力倾向、个性特征、性别等方面的差异，组成若干个异质学习小组（每组6人）。

（2）编写反思性学案。依据《广东省普通高中生物模块教学与考核要求》，将其中的“描述性知识”要求条目转化为填空题、简答题、归纳比较表格等形式，编写反思性学案。经过在实验班上应用、对实验班学生开展问卷调查和访谈获得反馈信息，不断进行修正，反思性学案相对于新授课的探究式学案来说，前者的结果应该更侧重于提升和归纳，它应具备以下结构：①学习要求；②基础知识整理（基本概念填空 + 知识整合表格）；③过关习题（精选3～6题，每题留有两个空格，分别用于“涉及的相关生物知识”、“可联系的实际问题”的填空）；④我的感悟（留出学生个人的思考空间）。

（3）明确异质学习小组的内部分工。每组的6个人中，3人负责课前收集过关习题在解题活动中涉及的已获得的具体生物知识（每人1～2题），另外3人负责课前收集与过关习题有联系的生产、生活等实际问题（每人1～2题）；同时，每人均要在课堂小组学习时，将自己反思的过程向同伴解释，如“涉及的知识是解题明显相关的还是隐含其中的基础知识”和“为什么它们会与这些问题产生联系、具体产生了什么联系，是问题情境的联系、问题方法的联系还是问题结论的联系”等。

（4）完成课堂上学生个体的反思性学习。在单元复习课课堂上，首先由学生个体按照反思性学案的学习要求，阅读课本的单元小结，根据单元小结回顾本章节的知识，找到本单元知识之间的联系，进行反思性学习，独立完成反思性学案中的“基础知识整理”和“过关习题”两部分。

（5）实施课堂上异质学习小组的交错学习。按照课前分工和反思性学案“过关习题”的先后次序，学生依次将各自重点学习和反思的内容向其他组员讲解，同伴有不明白或不同意见时可以互相提问、讨论，直到小组全体组员都弄懂为止。

（6）培养学生的反思技能。课内的反思性学习和交错学习结束后，布置学生课后完成反思性学案“我的感悟”，进一步培养学生的反思技能。一方面，引导学生对自己的思考过程进行反思，在归纳知识或解题结束以后，学生应尽力回忆自己从开始到结束的每一步思考过程，如当时自己是怎么想的、为什么会走弯路、我的思考与老师或同学的思考有什么不同，并从中归纳出学习方法等；另一方面，提倡解完题后认真回顾解题过程并作进一步的探索，反思有无其他解法，有无规律可循，从中归纳、总结出形成简捷思维结构的经验和规律。

（7）分享和评价异质小组的反思性学案。

【研究案例一】

“交错反思性学案”运用于高三生物第一轮总复习课

——以人民教育出版社普通高中课程标准生物实验教科书《必修3：稳态与环境》之第二章“动物和人体生命活动的调节”的“交错反思性学案”为例

第二章　动物和人体生命活动的调节

【学习目标】

1. 概述神经调节的结构基础和反射；

2. 了解神经冲动的产生和兴奋传导；

3. 熟悉神经系统的分级调节和人脑的高级功能；

4. 掌握动物激素调节的实例和特点；

5. 比较神经调节和体液调节，并掌握神经—体液调节；

6. 熟悉免疫系统的组成及功能。

【知识纲要】

1. 神经调节的基本方式是________________，结构基础是________________。

神经系统主要是由________细胞（又称__________）组成的。其结构包括{ ________
________（长的叫________，短的叫________）

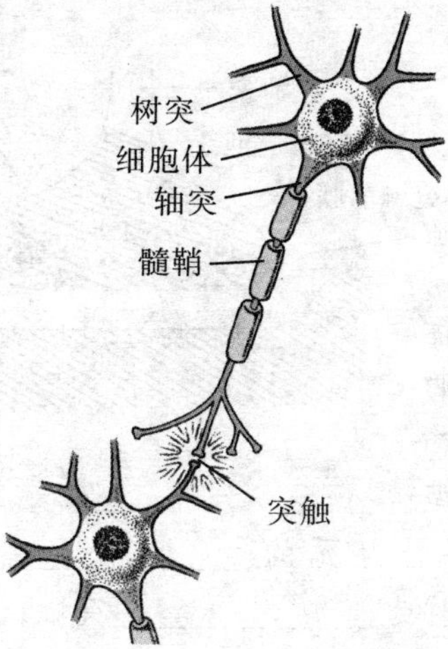

图中标号［1］__________，［2］__________，［3］________，［4］__________，［5］________。反射弧的结构保持完整才能完成反射。

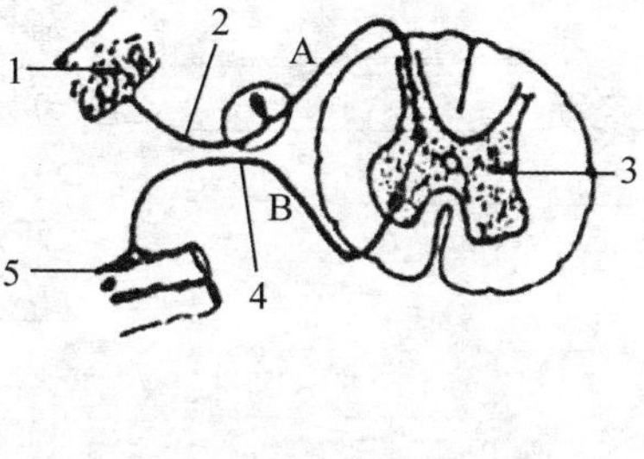

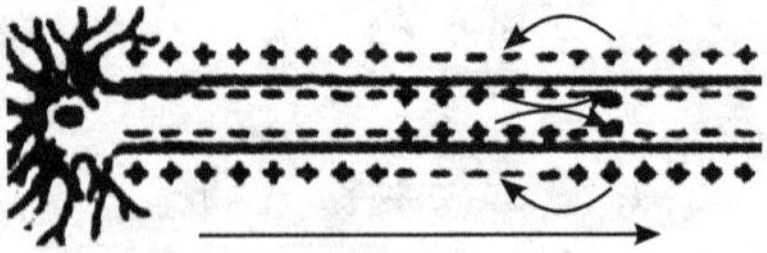

2. 当神经细胞受到刺激时就会产生兴奋，能在神经纤维上传导的兴奋称为__________。

静息电位：外__________内__________。

受刺激后，局部__________离子内流，造成外__________内__________。

电荷由______极流向______极，因此神经纤维内部：电流由兴奋部分流向未兴奋部位；神经纤维外部：电流由未兴奋部分流向兴奋部位。

3. 兴奋在神经元间传递——__________传递。

传导过程（单向）：神经递质→________________→________________→________________。

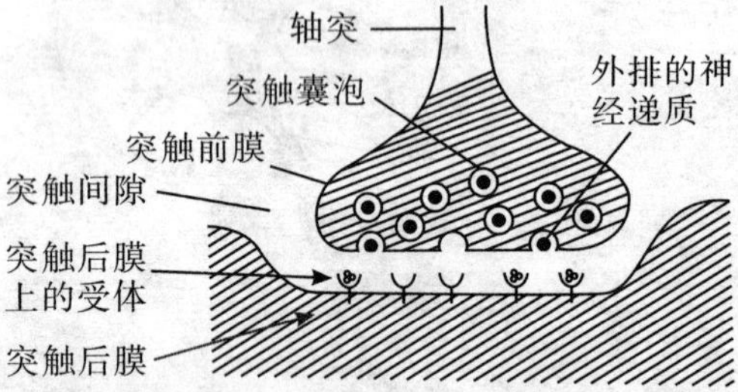

突触有两种类型：

甲突触：上一神经元的________________→下一神经元________________，称为_______________突触；

乙突触：上一神经元的________________→下一神经元________________，称为______________突触。

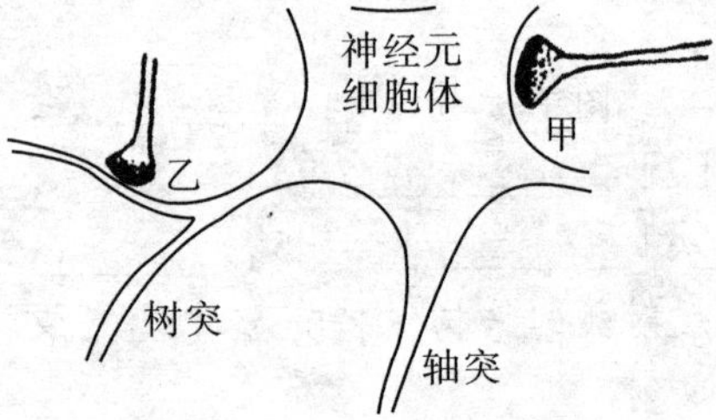

4. 神经系统的分级调节

- 神经系统
  - 中枢神经系统
    - 脑
      - ______：______是调节集体活动的最高级中枢。
      - ______：有维持身体平衡和精细活动的中枢。
      - ______：有维持生命必要的中枢，如______运动中枢、______中枢。
    - 脊髓：有调节______运动的低级中枢。
  - 周围神经系统：包括由脑发出的______和由脊髓发出的______。

5. 神经系统的高级功能

大脑皮层具有______、______、记忆和思维等高级功能。______是人脑特有的高级功能，相应的结构基础是大脑皮层的______。

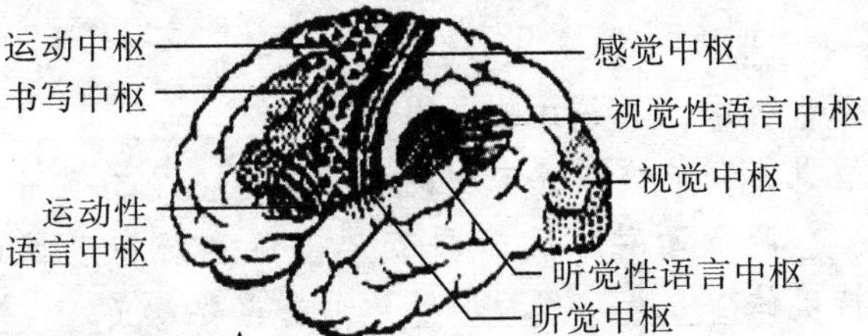

A

6. 促胰液素的发现为我们提供以下方法：

A. 体验科学发现的过程：______→______→______→______。 B. 遵循实验的科学原则：设置______实验和控制______变量。

7. 血糖平衡的调节——__________作用

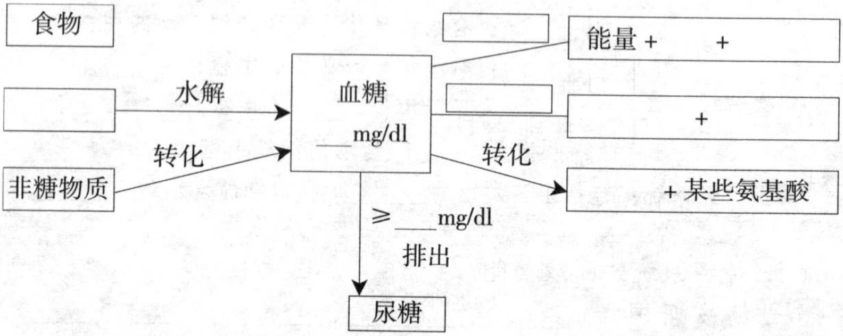

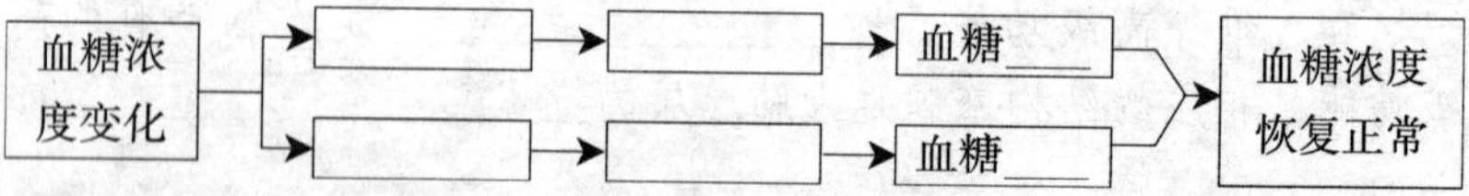

8. 反馈调节

在一个系统中，系统本身工作的____________反过来又作为信息，调节该系统工作的调节方式。它分为正反馈调节和__________调节两种。反馈调节是生命系统中普遍的调节方式，对维持机体____________有重要意义。

血糖浓度下降，导致__________分泌减少，属于__________调节。

9. 甲状腺激素的分级调节

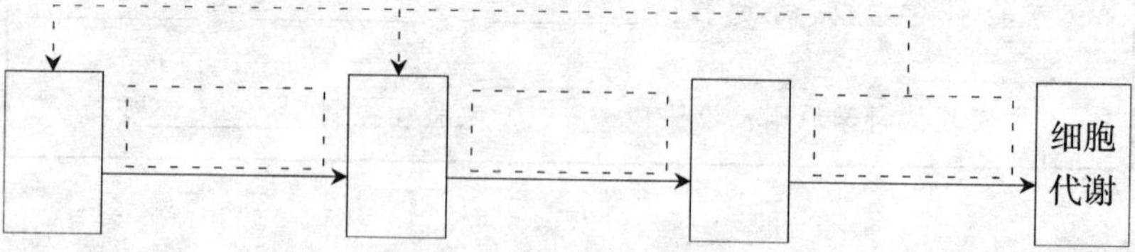

10. 激素调节的特点：（1）__________和__________；（2）通过__________运输；

（3）只作用于＿＿＿＿＿＿、＿＿＿＿＿＿。

11. 神经调节和体液调节的对比（见课本第 31 页）

12. 人体的体温调节——产热散热平衡

热量来源（产热）：主要是细胞中＿＿＿＿＿＿的＿＿＿＿＿＿分解，尤其是＿＿＿＿＿＿和＿＿＿＿＿＿的细胞。

热量散失（散热）：＿＿＿＿＿＿的蒸发，包括皮肤内＿＿＿＿＿＿的散热、呼气、排尿、排便。

体温调节过程：

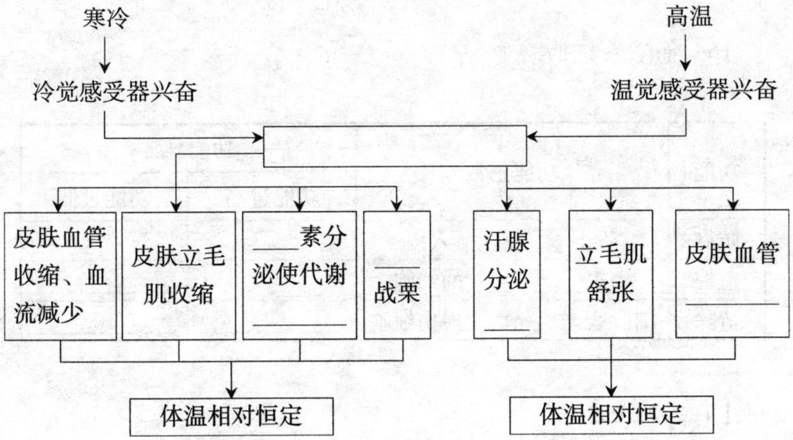

13. 水盐平衡的调节流程

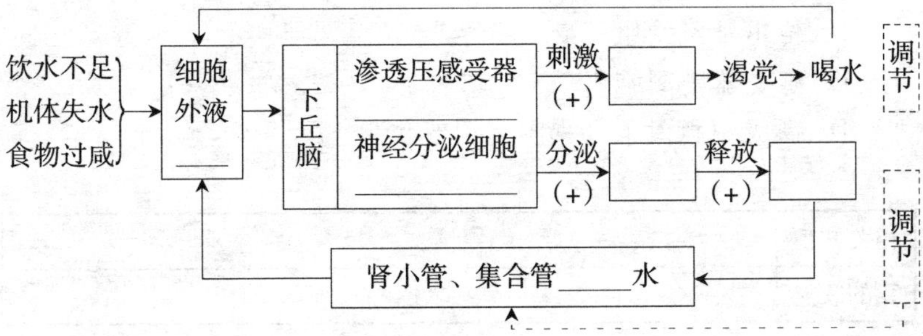

14. 免疫系统的组成（见课本第35页）及功能

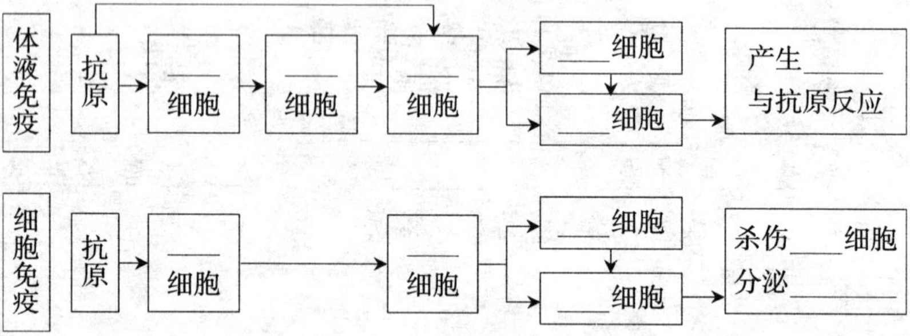

15. 免疫系统的功能

功能	功能正常	功能异常	
		功能过高	功能过低
防御	防止__________入侵		
监控	消灭__________的细胞		__________
清除	消除衰老、死亡、损伤细胞	__________	__________

【自我检测】

1. 做膝跳反射实验时，若实验前告诉受试者，在其有思想准备的情况下，膝跳反射可能会表现得弱一些，原因是（　）。

A. 反射弧会发生变化

B. 传出神经受阻

C. 感受器受到抑制

D. 高级中枢对低级中枢有调节作用

相关知识	
我的联想	

2. 下图示意一个反射弧的结构。就此图分析下面的说法，不正确的是（　）。

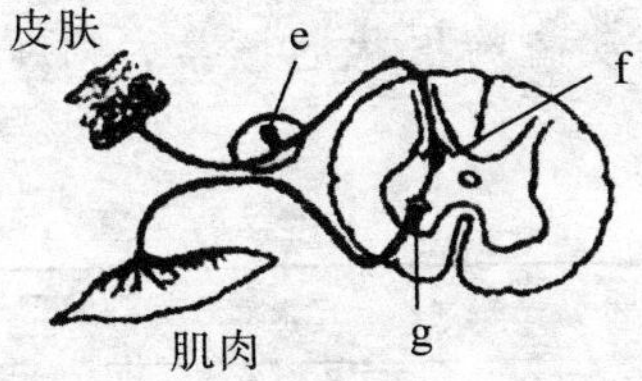

A. 直接刺激肌肉可以引起其兴奋收缩，但不能在 g、f、e 处检测到膜电位变化

B. 刺激皮肤引起肌肉收缩时，可在 e、f、g 处检测到膜电位变化

C. 若 g 处以下受损，针刺皮肤能够在 f 处检测到膜电位变化

D. 若 f 处受损，针刺皮肤能在肌肉处检测到膜电位变化

相关知识	
我的联想	

3. 据图判断，以下说法错误的是（　）。

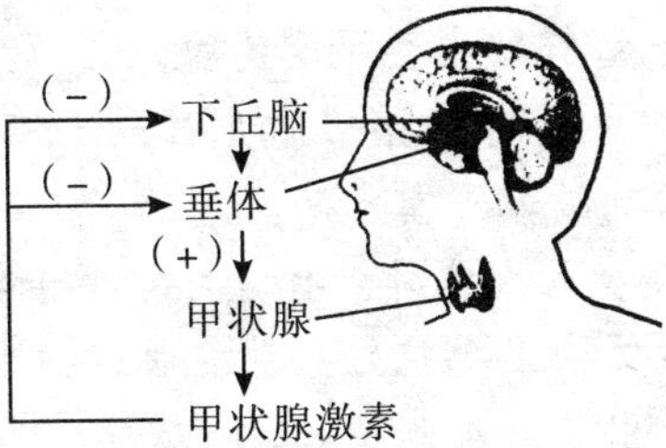

A. 垂体可分泌促甲状腺激素释放激素，直接调节甲状腺分泌激素

B. 垂体可分泌促甲状腺激素，促进甲状腺分泌甲状腺激素

C. 下丘脑可调节垂体的活动

D. 血液中含有较高的甲状腺激素，对垂体、下丘脑有抑制作用

相关知识	
我的联想	

4. 人体在寒冷环境中，会不由自主地战栗。此反应的效应器及其产生的生理效应是（　）。

A. 皮肤的血管；血管急剧收缩，减少散热量

B. 骨骼肌；骨骼肌收缩，减少散热量

C. 皮肤的立毛肌；立毛肌急剧收缩，增加产热量

D. 骨骼肌；骨骼肌收缩，增加产热量

相关知识	
我的联想	

5. 下列五种反应依次属于（　）。

（1）某人一吃海鲜就出现严重的腹泻。

（2）美国有一免疫功能异常的儿童，不能接触任何病原体，少量病菌感染亦可导致其严重发病。

（3）流感病毒侵入人体时，有时可作用于红细胞，使红细胞成为靶细胞，导致体内产生抗红细胞抗体，这种抗体也可对正常红细胞发生作用，引起红细胞裂解。

（4）人体感染酿脓链球菌后，机体产生的抗体不仅向它发起

进攻，也向心脏瓣膜发起进攻。

(5) 当细菌的外毒素进入人体后，体内产生特异性的抗毒素与之结合，使它丧失毒性。

①正常免疫　②自身免疫病　③免疫缺陷　④过敏反应

A. ②③①④③　　B. ④③②②①

C. ②①④①③　　D. ④③②①①

相关知识	
我的联想	

6. 人脑特有的高级功能是（　）。

A. 听觉功能　　B. 视觉功能

C. 语言功能　　D. 运动功能

相关知识	
我的联想	

7. 遇海难而漂浮海上的人，因缺乏淡水而导致（　）。

A. 血浆渗透压升高，抗利尿激素释放增加

B. 血浆渗透压升高，抗利尿激素释放减少

C. 血浆渗透压下降，抗利尿激素释放增加

D. 血浆渗透压下降，抗利尿激素释放减少

相关知识	
我的联想	

8. 关于兴奋在神经纤维上的传导，正确的是（　）。

A. 电传导和化学传导　　B. 膜上电位迅速变化

C. 类似电线的电流传导　　D. 化学物质传递

相关知识	
我的联想	

9. 神经递质存在于（　）。

A. 神经纤维　　B. 神经中枢

C. 效应器　　D. 突触小体

相关知识	
我的联想	

10. 决定反应时间长短的是（　）。

A. 刺激强度的大小　　B. 感受器的兴奋性

C. 中枢突触数目的多少　　D. 效应器的兴奋

相关知识	
我的联想	

11. 下列关于激素调节的描述，正确的是（　）。

A. 激素通过体液运送，所以在体内含量较多

B. 激素的含量处于动态平衡状态

C. 人和动物的生命活动主要通过激素调节完成

D. 激素调节迅速而准确，持续时间短

相关知识	
我的联想	

12. 人体的下丘脑不能完成的功能是（　）。

A. 体温的调节　　B. 水平衡的调节

C. 内分泌的调节　　D. 血液 pH 的调节

相关知识	
我的联想	

13. 下列能完全说明甲状腺激素三方面功能的实验是（　）。

A. 手术摘除小狗的甲状腺

B. 手术摘除成年狗的甲状腺

C. 切除蝌蚪的甲状腺

D. 用含有甲状腺制剂的饲料饲喂蝌蚪

相关知识	
我的联想	

14. 下列关于细胞免疫的叙述正确的是（　）。

A. 在细胞免疫中，吞噬细胞也会对抗原摄取和处理

B. 细胞免疫主要消灭侵入人体内部的抗原

C. 效应 T 细胞可以直接杀灭抗原

D. 记忆 T 细胞在接受同一种抗原的再次刺激时，会迅速增殖分化成效应细胞

相关知识	
我的联想	

15. 下列关于体液免疫的叙述正确的是（　）。
A. 有的抗原可直接刺激B淋巴细胞而产生浆细胞
B. 抗体一般可以直接杀死入侵的病菌
C. 抗体一般由B淋巴细胞分泌
D. 记忆B细胞可以迅速增殖分化，形成大量的记忆B细胞

相关知识	
我的联想	

【我的感悟】

【研究案例二】

“交错反思性学案”运用于初中生物单元复习课

——以人民教育出版社义务教育课程标准生物实验教科书七年级上册之第三单元第一章“生物圈中有哪些绿色植物”的“交错反思性学案”为例

第一章　生物圈中有哪些绿色植物

【学习目标】
1. 掌握藻类、苔藓和蕨类植物主要的形态特征；

2. 熟悉藻类、苔藓和蕨类植物的生活环境；

3. 了解藻类、苔藓和蕨类植物对生物圈的作用和与人类的关系；

4. 熟悉种子的主要结构；

5. 根据观察记录，列表比较菜豆种子和玉米种子的相同点和不同点。

【知识纲要】

1. 各植物类群的比较

<table>
<tr><th colspan="2">植物类群</th><th>主要特征</th><th>生活环境</th><th>举例</th></tr>
<tr><td rowspan="3">孢子植物</td><td>藻类植物</td><td>结构比较______，______根、茎、叶等器官的分化。</td><td>大都生活在______中，少数种类生活在______的地表。</td><td></td></tr>
<tr><td>苔藓植物</td><td>植株______，______和______中没有输导组织，具假根。</td><td>生活在______的陆地环境中。</td><td></td></tr>
<tr><td>蕨类植物</td><td>具有______、______、______，具有______组织。</td><td>森林和山野的______环境中。</td><td></td></tr>
<tr><td rowspan="2">种子植物</td><td>裸子植物</td><td>种子外面没有______。</td><td>______。</td><td></td></tr>
<tr><td>被子植物</td><td>种子包在______中，外面有果皮。</td><td>______。</td><td></td></tr>
</table>

2. 种子的结构

<table>
<tr><td colspan="2">菜豆种子的结构</td><td colspan="2">玉米种子的结构</td></tr>
<tr><td colspan="2">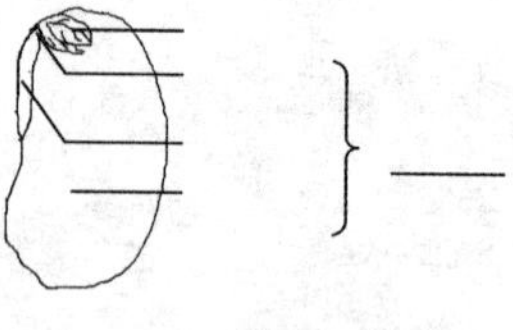
</td><td colspan="2">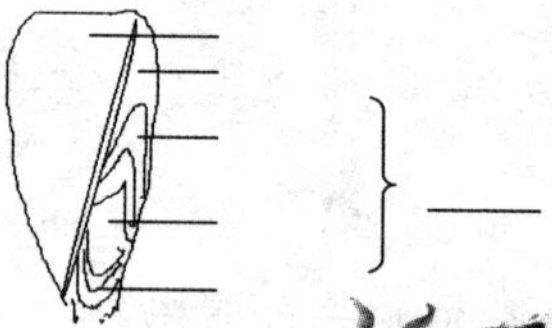
</td></tr>
<tr><td rowspan="2">相同点</td><td colspan="3">两者都有________裹在种子外面，它对种子起________作用。</td></tr>
<tr><td colspan="3">菜豆和玉米种子都有________，它将发育为________，分为________、________、________、________四个部分。</td></tr>
<tr><td rowspan="3">不同点</td><td></td><td>菜豆种子</td><td>玉米种子</td></tr>
<tr><td>子叶数量</td><td>________片</td><td>________片</td></tr>
<tr><td>营养物质主要贮存位置</td><td>________</td><td>________</td></tr>
</table>

【自我检测】

1. 在生物圈的绿色植物中，结构由简单到复杂的是（　）。

A. 种子植物→蕨类植物→苔藓植物→藻类植物

B. 种子植物→藻类植物→苔藓植物→蕨类植物

C. 藻类植物→苔藓植物→蕨类植物→种子植物

D. 种子植物→藻类植物→蕨类植物→苔藓植物

相关知识	
我的联想	

2. 生物界中，种类最多、分布最广的一类植物是（ ）。

A. 藻类植物　B. 蕨类植物

C. 种子植物　D. 苔藓植物

相关知识	
我的联想	

3. 金鱼缸长时间不换水，缸的内壁上就会长出一层绿膜，水变成绿色。这层“绿膜”属于以下哪类生物？（ ）

A. 藻类植物　B. 蕨类植物

C. 种子植物　D. 苔藓植物

相关知识	
我的联想	

4. 苔藓植物生活在阴湿的环境中，但在工业污染严重地区的阴湿地带则不容易找到苔藓植物，这是因为（ ）。

A. 苔藓植物不适应工厂的噪声

B. 苔藓植物容易受到有毒物质的侵害而死亡

C. 城市的环境比森林干旱

D. 工业区内温度太高

相关知识	
我的联想	

5. 请指出下列生物的用途错误的是（ ）。

A. 满江红是一种优质的绿肥

B. 蕨类植物的遗体经过漫长的年代变成了石油

C. 藻类的光合作用制造了氧气

D. 部分蕨类有药用价值

相关知识	
我的联想	

6. 与银杏相比，桃树的主要不同之处是（　）。

A. 桃树的种子没有果皮包被

B. 桃树的种子包在果皮内

C. 桃树植株更加高大

D. 桃树开花结果

相关知识	
我的联想	

7. 小明做“观察种子的结构”实验时作了如下四项记录，小组讨论中，同学们发现小明的记录中有一项是错误的。请你找出其中错误的一项（　）。

A. 菜豆种子和玉米种子都有种皮和胚

B. 菜豆种子和玉米种子的胚都是由胚芽、胚根、胚轴和子叶构成的

C. 玉米种子有胚乳，菜豆种子没有胚乳

D. 菜豆种子有子叶，玉米种子没有子叶

相关知识	
我的联想	

8. 种子的主要部分是（　）。

A. 胚芽　　B. 胚乳

C. 胚　　D. 子叶

相关知识	
我的联想	

9. 下列哪类植物开始出现了导管？（　）

A. 苔藓植物　　B. 蕨类植物

C. 藻类植物　　D. 种子植物

相关知识	
我的联想	

10. 下面列出了六种常见的植物，请回答有关问题。

①海带　②满江红　③银杏　④荷花　⑤雪松　⑥桃树

（1）上述植物中根、茎、叶没有分化的是__________（填标号）。

（2）上述植物中产生种子，但没有果实的是__________（填标号）。

（3）上述植物中属于被子植物的是__________（填标号）。

相关知识	
我的联想	

【我的感悟】

2. “交错反思性学案学习”策略的优点与局限

“交错反思性学案学习”策略的优点主要是：

（1）激活学生学习生物学的元认知知识，提高学生自我反馈、自我补救、自我总结的元认知学习能力、促进学生六方面反思技能的培养：①经验技能，它主要指学生借助经验对自身进行相对直觉地反思的能力；②分析技能，它主要用于解释描述性的资料；③评价技能，它常用于对探究结果的意义作出判断；④策略技能，它告诉学生怎样进入行动计划和参与计划实施、如何进行反思性分析；⑤实践技能，它帮助学生把分析实践、目的与手段等和良好结果统一起来；⑥交往技能，它通过广泛地与同伴讨论自己反思所得的体会等，加深学生对生物学重难点知识的理解和掌握。

（2）促进学生学习方式的转变，实现协同学习：①实现学生小组型合作和个性化思维的同步发展。也就是说，实施“交错反思性学案学习”策略时，教师能较好地处理个别学习、合作学习和集体学习的关系，既体现强调小组全体策略能力的培养、又不掩盖小组成员创造性思维的表露。②体现学生主体和教师主导的协调发展。在开展“交错反思性学案学习”策略教学时，教师是学生主体合作学习的引导者，引导学生自然地形成合作学习动机、自发地提出合作学习目标、自主地决定合作学习方式；当学生遇到困难和疑惑时，教师可以正面传授，对小组提出明确的学习要求，或在小组学习过程中提供适时的指导，他也可以参与到某一个小组中，以成员的身份提出自己的见解、观点或解决问题的策略，以供合作小组成员磋商、协调、最后整合为小组的合作成果。

（3）促进教师自身的专业化成长。生物新课程的实施过程其实也是一个师生互动、共同成长的过程。教师通过编写交错反思性学案、实施课堂教学、及时记录课堂教学中出现的问题、认真分析和解决教学问题、及时反馈学生的行为，对自己教学实践及时反思，书写教后记，有助于自身学科专业水平的提升和教学能力的可持续发展，实现师生双赢。

“交错反思性学案学习”策略也有一定的局限性，主要表现在：第一，适用范围有限，它以描述性知识为主要内容、单元复习为主要课型；第二，要求学生具备相应的基础知识和学习能力，否则学习效果可能不理想。

二、“协作探究式实验训练”拓宽元认知体验的训练策略

1.“协作探究式实验训练”策略的操作程序

协作学习是一种通过小组或团队的形式组织学生进行学习的策略。小组协作活动中的个体（学生）可以将其在学习过程中探索、发现的信息和学习材料与小组中的其他成员共享，甚至可以同其他组或全班同学共享。“协作探究式实验训练”策略的操作程序是：

（1）开展协作探究实验前期训练。重点做好“三个培养”：①培养学生学会使用基本仪器。基本仪器的使用是做好实验的基础。让学生了解基本仪器的构造、原理、用途，掌握仪器的使用方法和注意事项，以达到熟练、正确读数的水平。在教学中，教师还可抓住各种基本仪器的共性加以指导。②培养学生理解实验原理、进行实验设计的能力。教学中教师应要求学生明确各实验的目的、原理和理论根据，引导学生根据实验原理对实验进行设计，使学生弄清哪些是已知量、被测量，懂得选择所需要的仪器

和实验条件，进而设计好实验步骤，画好记录表格等。③培养学生正确记录实验数据和处理数据的能力。教学中，教师应教导学生读取和记录数据的注意事项，如记录要及时、完整，注意按有效数字的方式进行记录，注意数据单位的正确性等。

（2）确定异质实验小组的成员。将全班学生依其学业水平、能力倾向、个性特征、性别等方面的差异，组成若干个异质实验小组（每组6～8人）。

（3）引导学生自主设计实验及协作完成实验的准备。为解决每班学生因人数较多、实验器材各不相同而使准备工作有较大困难的问题，教师可以限定主要实验材料。学生实验小组根据实验的要求、参考教师给出的相应的实验材料和用具，结合自己已有的知识开展小组讨论并形成本小组的实验设计方案，方案包括“列出所需要的实验材料与用具”、“选择控制变量”、“设计对照实验”、“提出实验步骤”、“画好记录表格”等。在教师组织的“实验设计分享活动”中，通过各组代表陈述的方案、其他组学生在倾听的过程中不断给予的肯定或否定以及教师的点拨，实验小组修改完善各自的实验设计，再交由教师进行实验设计的事前评价，打分并提出修改意见；实验设计再次修正后，小组成员分工协作完成实验的各项准备工作。

（4）进行协作探究实验。异质实验小组按照实验设计方案分工协作，变“验证”为“探究”，进行各步实验操作，细心观察实验现象，认真做好实验结果的记录。小组不但要记载符合预期的现象，还要记载与预期相矛盾的现象，以便于对结果进行如实的分析。

（5）分析实验结果，取得实验结论。正确分析实验结果，分析干扰因素对实验现象的影响，是取得正确结论的前提。实验小组根据小组成员分别描述的实验现象，协作处理实验数据，利用事实进行科学的推理，得出合乎实验的解释，形成实验结论。实验探究结果可能出现与预期结论相符或不相符两种情况。无论出现何种情况，都必须以实验的客观结果为准，绝不能人为地改变实验的客观事实，按预定的主观愿望弄虚作假或伪造结论。实验结果若符合预期推测，说明预期的结论是正确的；若实验结果不符合预期推测，则应引导学生认真分析，找出原因，不盲目迷信已有的结论，实事求是，大胆探索。

（6）撰写实验报告，以口头或书面表达的方式交流探究实验的过程、结果和结论，共同评价实验成绩。经小组讨论、协作归纳后，由组长执笔撰写形成小组的实验报告。在探究实验的总结活动中，首先由各个小组分别报告他们的工作及其成果；然后进入师生共同评价环节，侧重于学生在教学中的参与度、探究性思维的表现、探究性学习能力的表现等方面，评价得到的实验成绩以合适的比例计入课程总成绩，充分发挥分数指挥棒的作用。

【研究案例一】

“协作探究式实验训练”运用于初中生物探究实验课

——以人民教育出版社义务教育课程标准生物实验教科书七年级下册之第三单元“生物圈中的绿色植物”第二章“被子植物的一生”第一节“种子的萌发”为例

第一节　种子的萌发

【教材简析】

被子植物是生物圈中最高等、种类最多、分布最广泛的一类绿色植物，而且是农、林、牧业栽培的主要对象。因此，本章以被子植物为例讲述绿色植物的生命周期，按照被子植物生长发育的顺序，依次讲述“种子的萌发”、“植株的生长”、“开花和结果”。

被子植物生命各个阶段的生理活动是在生物圈中完成的，本节“种子的萌发”的内容，一是突出植物体自身结构与功能的关系，二是突出植物与环境的关系，这与过去的教学要求有一定区别。其中“种子萌发的环境条件”侧重训练对照实验法的设置，因此，在综合培养学生的科学探究能力的同时，还要结合探究活动对学生进行科学方法训练。课外实践简便易行，而且密切联系学生的生活与生产实际。学生可利用课余时间，组织兴趣小组，开展实践活动，以加强实践能力的培养。

本节一开始就要求学生从事一种植物的栽培和管理，有助于学生了解被子植物的一生，培养实践能力，养成爱护植物的情感。

【教学目标】

知识目标：

1. 通过小组的合作探究，阐明种子萌发的环境条件和自身条件；

2. 结合生活经验及实验观察，尝试描述种子萌发的大致过程。

技能目标：

1. 运用对照实验法设计并完成对“种子萌发的环境条件”的探究，学会控制实验条件，检验不同的环境因素对种子萌发的影响，进行科学方法的训练；

2. 通过实验分析，培养学生的对比归纳和分析总结能力。

情感目标：

1. 培养学生团结协作、勇于创新的精神；

2. 通过对种子萌发的探究，体会生命的内涵，增强学生爱护植物的情感。

【学情分析】

初一学生参与意识强，思维积极主动，通过各小组讨论、设计实验、探究的教学方法，可以培养学生的发散思维，使他们多角度地提出不同的观点与看法，有助于培养学生的实践能力和创新精神。针对本节课的内容是七年级上学期学生接触的第二个探究学习、学生的探究能力仍比较弱的现象，采用模仿探究的处理方法以降低学生的学习难度。

【教学重点与难点】

1. 种子萌发的外界条件。

2. 探究实验中对照实验组的设置及实验中各种变量的控制。

(说明：探究性学习贯穿于全书的全部文字和设置的各个栏目之中，探究活动重视的是过程而不是结论，通过探究培养学生的生物科学素养，培养学生的创新精神和实践能力。而“探究实验中对照实验组的设置及实验中各种变量的控制”是探究性实验成功与否的关键。)

【教学内容与步骤】

1. 课前准备

(1) 教师准备：

设计实验讨论提纲，并培训相关学生：

1. 选择什么样的种子比较好?

2. 实验探究前，需要准备哪些材料用具?

3. 怎样探究不同环境条件对种子萌发的影响? 应当将种子分成几组?

4. 怎样设置实验对照组? 各组应提供什么样的温度、水分、光和空气等条件? 对每一对照组，除了所研究的条件外，其他环境条件是否应当一样?

5. 每一组只有一颗种子行吗? 每一组应当有多少颗种子? 为什么?

6. 每隔多长时间观察一次? 对各组实验是否应当同时观察?

(2) 学生准备：

课前10天让学生任选绿豆、眉豆、黄豆、红豆等不同植物的种子各20颗左右(取其中任何几种都可以)。将学生分成10个异质实验小组，每组5人，教师指导各异质实验小组先明确成员的分工：实验组长(主持讨论每一个问题，做好分工工作)；

讨论内容记录员（简单记录讨论的结果，用于组间交流）；观察、记录实验结果的负责人；实验操作人（负责实验过程的操作，其他人辅助）。以小组为单位，为种子萌发创造条件，试做种子萌发的实验，并进行观察和记录。同时注意观察种子萌发的过程，写观察日记。

教学程序	教学内容	教师活动	学生活动	设计意图	媒体
情境设置	复习旧知识	提问：一粒种子能够长成一棵植物的奥秘在哪里？（强调种子的萌发必须具备完整的、活的胚。）	讨论回答：充足的水分、阳光、肥料……	复习旧知识，同时指明种子萌发既需要自身条件也需要适宜的外界条件。	多媒体：字幕
导入新知识	观看录像（冬去春来、万物复苏，种子开始萌发、生长。）	提问：录像说明了什么问题？种子是不是只能在春天萌发呢？（提出本课内容需探究的问题。）	讨论回答：种子萌发……	培养学生通过观察、分析，发现问题的能力。	多媒体：录像

（续上表）

教学程序	教学内容	教师活动	学生活动	设计意图	媒体
新知识的教学	探究种子萌发的外界条件	展示课前实验结果。	各小组的发言人向同学介绍本组所进行的种子萌发的实验情况（如实验条件、种子萌发的数目等），以图片展示实验成果。	培养学生的语言表达能力和交流能力。	实物展示、实物投影仪、相片
		对分析结果作出假设：根据各小组的实验成果进行整理、分析，从而对种子萌发需要哪些外界条件作出假设（注意去除种子萌发中不必要的因素）。	讨论，作出假设：水影响种子的萌发，空气影响种子的萌发……	培养学生归纳总结的能力。	实物投影仪

（续上表）

教学程序	教学内容	教师活动	学生活动	设计意图	媒体
新知识的教学	探究种子萌发的外界条件	讨论修改实施计划：要求各小组针对全体同学提出并认可的假设设计本组进一步的探究实施计划（每小组可只选其中的任意一个条件为本组的探究任务）。设计计划时学生可参考教师提供的讨论提纲先讨论，将问题解决后再设计实施方案。教师示范自己设计的“探究空气对种子萌发的影响”的实施方案，强调实验设计中变量的控制和对照组设置的意义。之后，教师与各组交流、完善并实施计划表。	各小组先对讨论提纲中的问题发表各自的见解，达成共识后，各小组将各自的实施计划表进行修改使其更加完善。	帮助学生学会正确进行科学实验设计的方法，培养学生团结协作的能力和勇于创新的精神。	实物投影仪、讨论纸、实验实施计划表

（续上表）

教学程序	教学内容	教师活动	学生活动	设计意图	媒体
新知识的教学	探究种子萌发的外界条件	布置作业：落实实施计划	落实实施计划（课后完成）：各小组在组长的带领下，课后认真落实实施计划，注意做好观察和记录，根据实验结果得出最终结论，撰写出探究实验报告。	培养学生的实践能力和相互合作的能力。	
知识扩展	知识在生产、生活中的应用	通过学习知道，适宜的外界条件对种子的萌发起到了重要的作用，但在初春，天气有时非常寒冷，你能想些办法让播种的种子尽快萌发吗？	讨论	培养学生运用知识解决实际问题的能力，并于其中渗透STS教育思想。	多媒体：字幕

（续上表）

教学程序	教学内容	教师活动	学生活动	设计意图	媒体
课堂小结		通过学习知道，当同时具备了自身条件和适宜的外界条件时种子就可以萌发，可同学们如果仔细分析一下你们课前的实验，同样的条件下是否所有的种子全部萌发了呢？这又是为什么？	课后思考	启发学生不能满足于现有的知识，而应学会对知识作进一步探索，多问几个为什么。	

3. 课后作业

落实实施计划，撰写探究实验的报告。

【附件】

探究实验设计表

组别：　　　　组长：　　　　成员：　　　　　　成绩

探究问题：种子萌发需要________________

作出假设：____________________________

实验设计：针对其中某一外界条件进行探究，根据所探究的内容选择相应的实验用具和所需的条件进行组合（在相应的选项处打“√”)。

探究__________对种子萌发的影响

<table>
<tr><td colspan="2">编号
内容</td><td>1号瓶</td><td>2号瓶</td><td rowspan="4">根据你选择的材料，用简图画出你的设计并作简要的说明</td></tr>
<tr><td rowspan="3">选取的种子</td><td>绿豆</td><td></td><td></td></tr>
<tr><td>黄豆</td><td></td><td></td></tr>
<tr><td>红豆</td><td></td><td></td></tr>
<tr><td colspan="2">透明的瓶子</td><td></td><td></td><td rowspan="11">1号瓶

2号瓶</td></tr>
<tr><td colspan="2">不透明的瓶子</td><td></td><td></td></tr>
<tr><td colspan="2">胶塞</td><td></td><td></td></tr>
<tr><td colspan="2">纱布</td><td></td><td></td></tr>
<tr><td colspan="2">棉花</td><td></td><td></td></tr>
<tr><td colspan="2">湿沙子</td><td></td><td></td></tr>
<tr><td colspan="2">干沙子</td><td></td><td></td></tr>
<tr><td colspan="2">清水</td><td></td><td></td></tr>
<tr><td colspan="2">室温</td><td></td><td></td></tr>
<tr><td colspan="2">冰箱</td><td></td><td></td></tr>
<tr><td colspan="2">如以上所给材料不能满足你的需求，可在下面写出你需要的材料</td><td></td><td></td></tr>
</table>

实验结果：

实验结果		萌发		不萌发
		好	不好	
1号瓶	预期结果			
	实验结果			
2号瓶	预期结果			
	实验结果			

实验结论及分析：

【研究案例二】

“协作探究式实验训练”运用于高中生物新授课自主探究学习

——以人民教育出版社普通高中课程标准生物实验教科书《必修1：分子与细胞》之第三章“细胞的基本结构”第一节“细胞膜——系统的边界”的教学片段为例

新课程把“细胞膜——系统的边界”单独列为一节，从内容上看似乎很少，但却很有探究价值。细胞是生命系统最基本的层次，那它的边界是什么？细胞膜是否真的存在？由于细胞很小，显微镜只能看到细胞之间有一个界限，无法直接观察这个边界的内容结构。

为了让学生通过实验亲自感受细胞膜，笔者在新授课中加入“动手动脑”的探究学习环节，选择鸡蛋作为实验探究的材料。

首先由学生异质小组设计实验步骤，再分工协作，动手完成以下探究实验训练：①先观察蛋清和蛋黄之间的位置，发现有明显的界限，从而初步感受细胞膜的存在；②在去掉蛋清的情况下，用玻璃棒轻轻接触蛋黄，可以看到蛋黄向内凹陷，有弹性；③最后用力捅破蛋黄膜，明显看到蛋黄流出来。通过以上实验的观察，学生就能真正地感受到细胞膜的存在。

至于细胞膜的功能，我们尝试让学生异质小组自行设计实验、组内协作开展自主探究学习。在这个过程中让学生学会如何作出假设，如何选择材料和用具，如何设计实验步骤，如何对结果进行预测，然后动手实验以发现细胞膜的功能。学生通过以上一步步的自主探究学习，调动了求知欲望，体验了探究过程，掌握了难点知识；既培养了学生的能力和素养、拓展了思维空间，也让学生享受到成功的喜悦，丰富了情感体验。

2. “协作探究式实验训练”策略的优点与局限

“协作探究式实验训练”策略的优点主要是：

（1）有助于培养学生的探究精神和创新精神，拓宽元认知体验，提高生物科学的素养。“协作探究式实验训练”策略以实验探究为核心，在培养学生学习兴趣的基础上激发他们学习的主动性和积极性。它充分调动学生的各种感官和思维，让学生在实验训练中认识科学实验的基本方法，形成客观的、实事求是的科学态度和创新意识，在探究性实验中发展自我、创新自我、完善自我。开展探究性实验教学，能积极引导学生参与实验的全过程（如实验的准备、实验的设计、实验的观察、实验的分析等），让学生有充分动脑、动手、动口、动眼的机会，使学生从探究性实验中体验科学精神、形成一定的科学探究能力、学习构建生物科学的知识与理论，从而提高其生物科学素养。

（2）有利于兼顾课内外的协作学习，有的放矢，体现生物学习内容的完整性、延续性和拓展性。当前素质教育的“减负”要求，使得很多教师误以为所有的生物教学内容必须在课堂里完成。而事实上生物的学习内容，尤其是探究实验的内容通常具有延续性和拓展性，在一节课中通过协作学习完成一个资源丰富的、全面透彻深入的探究实验是不大可能的。因此，开展"协作探究式实验训练"时，我们往往会合理地布置一些符合学生的认知水平、同时又有研究价值的课外协作学习任务，如课前学生实验小组协作完成实验准备工作、课后对探究课中的非预期结果进行二次探究等，使学生能自主地安排好课内和课外的探究实验学习，突出重点又分层协作，使探究实验训练更多地体现出实践性、可操作性、延续性和拓展性的特点。

（3）有利于提升学生科学严谨的实验设计能力，提高学生解答生物学高考题中设计型实验题的能力。实验设计题是学生在高考中感觉最难、最不易把握的一种题型。教师通过"协作探究式实验训练"策略的教学，提供必要的实验材料和仪器，让学生进行真实命题的案例探究，增加其感性认识，从而使原本理论性较强的科学探究具体化、形象化，加深他们对知识的理解。所以，这种引导学生自主设计实验的做法，既保证了探究实验的可行性，又培养和肯定了学生拥有的设计能力，还提高了学生顺利完成探究性实验设计题的解题能力。

"协作探究式实验训练"策略也存在一些局限性，主要体现在：第一，虽然本策略已注意到实验探究性的加强和部分实验步骤的开放性自主设计，但与国际生物学课程的实验要求相比仍相去甚远。当下国际生物学课程中的实验要求，是由学生从实验目的开始就完全自主设计整个实验方案，强调变量选择、对照设定、器材选用等实验因素；它重视学生探究式的自我学习和自主的实验设计，要求学生既要通盘考虑实验的目的性、关联性、可行性，又要注意细节问题，最后还能自我反省并改进不足。第二，此策略难以适应差异性较大的学生同时学习，有可能会造成基础较差的学生认知负荷过重等状况的出现。

第三节 异步协同学习与元认知整合的生物课堂教学策略

异步协同学习是一种松散耦合的协同学习。其特点是：多个合作者在分布集成的平台上围绕同一主题进行协同学习，但各自有不同的学习空间；可以在不同的时间内进行学习，但通常不能指望可以迅速地从其他合作者那儿得到反馈信息。

一、"随机进入式探究学习"强化元认知技能的训练策略

1. "随机进入式探究学习"策略的操作程序

"随机进入式探究学习"指在教学中对同一教学内容，在不同的时间和情境下，出于不同的教学目的，用不同的方式加以呈现。换句话说，学习者可以随意通过不同途径、不同方式进入同样教学内容的学习，从而获得对同一事物或同一问题的多方面认识与理解。此策略适用于生物学中侧重基本概念、基本原理及过程的教学内容。其操作程序是：

（1）确定教学主题。通过教学目标的分析，选择确定一个与基本概念、基本原理及过程有关的知识内容作为教学主题。例如细胞结构、染色体的组成、DNA 的化学成分、DNA 的复制方式等。

（2）创设分析角度。应用数字化或其他学习资源，向学生呈现与当前学习主题的内容相关的多样化情境，创设多个可供学生进行分析的角度，使学生能对即将发生的客体认知进行计划，正确理解认知目标、尝试策略选择。

（3）随机进入学习。教师可借助呈现与学习主题相关的多样化情境或多个分析角度，引导学生从不同角度、采用不同方式、运用不同途径，对学习主题开展学习、分析并发表各自的看法，

充分理解同一概念和原理。学习者通过多次从不同角度随机进入同一教学内容，训练其思维的灵活性和深刻性，以达到对该知识内容比较全面而深入的掌握。这种多次进入的结果，绝不是传统教学中为巩固一般知识、技能而实施的简单重复的教学策略。这里的每次进入有不同的问题侧重点。

在这类学习中，教师应特别注意发展学生的思维能力，可采用“元认知”级的师生互动教学（即教师向学生提出的问题，应有利于促进学生认知能力的发展而非纯知识性地提问）。教师可通过这样一些问题，如“你怎么知道这是正确的?”、“这是为什么?”等，建立学生的思维模型，了解学生思维的特点；还可通过提出这样一些问题，如“还有没有其他的含义?”、“请对 A 与 B 之间作出比较?”、“请评价某种观点”培养学生的发散性思维，等等。

（4）小组协作学习。围绕呈现不同侧面的情境或角度所获得的认识展开小组讨论。在讨论中，每个学生的观点在和其他学生以及教师一起建立的协作学习环境中互相碰撞、考察、评论，同时也促使每个学生也对别人的观点、看法进行思考并作出反应。

（5）评价学习效果，包括自我评价、小组评价和教师评价。学生自我评价的方法主要有学生建立典型错误题集，填写单元反思表，反思学习态度、学习策略和效果等。学生小组评价的方法主要有评估学生的预习报告、归纳总结、学案等，进行小组自评或互评。教师评价的方法主要有形成性练习、堂上练习等。对于这些强化练习设计，教师需注意所设计问题的开放性、新颖性及考察形式的多样性；既要考虑以各种方法为基础的能力类别，又要考虑用试题的难度与复杂性体现能力要求的高低。

因此，使用概念图来考察学生的意义建构，是一种值得推荐的评价方法。概念图实际上是一种组织思想观点的方法，它在自然科学领域的教学中被广泛用来表达各有关概念之间的联系，即概念体系。具体而言，概念图强调的是从事物的关系之中把握概念本身，关注其整体性和复杂性，而不是从定义出发。因此，在学生构建概念图前，教师应提示学生首先确定知识主题下的主概念（上位概念）和次概念（下位概念），然后把它们按等级关系联结起来。在对学生的概念图进行评价时，教师要看学生所列出的概念是否与主题有明确的联系，是否呈现了由简单到复杂的等级关系；组织是否精确，是否呈现了由简单到复杂的等级关系；事例是否完全反映了概念被运用的真实情境。

【研究案例一】

“随机进入式探究学习”运用于高中生物新授课

——以人民教育出版社普通高中课程标准生物实验教科书《必修3：稳态与环境》之第二章“动物和人体生命活动的调节”第四节“免疫调节”为例

第四节　免疫调节

二、特异性免疫

【教材简析】

随着“课改”的进行，新课标已将免疫调节列为必修3的教学内容，其“具体内容标准”包括“概述人体免疫系统在维持稳态中的作用”，可见，新课标将免疫视为人体生命活动调节的一种方式。将免疫系统列为调节系统之一，突出免疫系统对于维持机体稳态的作用，意在从更深层次上揭示生命活动的整体性，对于引导学生认识生命系统结构和功能的整体性具有重要的意义；同时揭示了机体内各个系统之间联系的复杂性和多样性，说明了生命现象内在联系的普遍性。

本节的内容先从免疫系统的组成入手，接着重点分析人体的三道防线的作用，最后介绍免疫失调的相关知识。本课时是免疫调节的第二课时。

【教学目标】

1. 知识目标：

（1）掌握免疫系统的防卫功能。

（2）理解体液免疫和细胞免疫的过程以及两者之间的关系。

2. 能力目标：

（1）利用体液免疫和细胞免疫的示意图，培养学生的比较和归纳能力。

（2）根据体液免疫和细胞免疫的流程图，培养学生自主探究学习的能力。

3. 情感目标：结合所学知识，关注自身健康，确立积极的生活态度和健康的生活方式。

【学情分析】

学生通过初中有关免疫知识的学习，对人体的三道防线已有初步认识，而在第一课时中也已经掌握了免疫系统的组成，对免疫调节的物质基础有较为全面系统的认识。

【教学重点与难点】

1. 教学重点：第三道防线的防卫功能。

2. 教学难点：体液免疫和细胞免疫的过程及其关系。

【教学内容与步骤】

	教师行为	教学技能的结构分析	学生行为
导入新知识	1. 展示“泡泡男孩”的图片和生平介绍，引出“重症联合免疫缺陷病”。	1. 情境导入，吸引学生兴趣。	1. 观看资料，了解案例。
	2. 提问：“泡泡男孩的直接死因是什么?”	2. 锻炼学生提取信息的能力。	2. 回答：感染了致命的病毒。
	3. 提问：“我们的身体无时无刻不处在病原体的包围之中，但为什么我们不会像泡泡男孩那样感染病毒而死呢?”	3. 联系案例和实际，锻炼学生的分析能力，引出新课。	3. 回答：我们的免疫系统有防卫功能。
新知识的教学	1. 点出正常人与“泡泡男孩”的不同之处在于，正常人能抵抗病毒，进而引出“免疫系统的三道防线”。	1. 联系初中知识，深化新知识。	1. 回忆初中知识：第一道、第二道和第三道防线的具体内容。
	2. 比较归纳第一、二道防线为非特异性免疫；第三道防线为特异性免疫。	2. 锻炼学生的比较分析能力。	2. 比较得知非特异性免疫和特异性免疫的区别和特点。

（续上表）

	教师行为	教学技能的结构分析	学生行为
新知识的教学	3. 引导学生分析“泡泡男孩”缺乏第三道防线，并得出第三道防线的作用。	3. 锻炼学生分析案例的能力及总结得出结论的能力。	3. 进一步分析“泡泡男孩”的案例，得出第三道防线在抵抗外来病原体和抑制肿瘤等方面起重要作用的结论。
	4. 提问：第三道防线是如何发挥作用的？（提供细胞免疫和体液免疫的过程图）	4. 让学生了解特异性免疫可根据细胞的不同作用、方式，分为细胞免疫和体液免疫。	4. 观察、思考，并回答：“作战部队”主要是淋巴细胞，主要靠B细胞产生抗体作战的是体液免疫；主要跟T细胞有关，是细胞免疫。
	5. 展示体液免疫的过程图，引导学生自主阅读教材关于体液免疫的内容，学生小组讨论三个问题。	5. 锻炼学生自主学习的能力，发挥学生的主体作用，锻炼学生小组合作学习的能力。	5. 学生阅读并小组讨论。
	6. 提问：（1）什么是抗原？它进入机体后首先被什么细胞处理？ （2）吞噬细胞对抗原的摄取和处理有没有特异性？	6. 通过层层提问，让学生更深入地认识抗原在侵入机体、被吞噬细胞处理时，可分为特异性处理和非特异性处理，进而深入了解特异性免疫的第一阶段。	6.（1）回答：能够引起机体产生特异性免疫反应的物质叫做抗原。抗原进入内环境后首先被吞噬细胞摄取和处理。 （2）回答：没有。

（续上表）

	教师行为	教学技能的结构分析	学生行为
新知识的教学	(3) 如果吞噬细胞直接把抗原处理了，那么吞噬细胞在其中起的作用属于特异性免疫还是非特异性免疫？ (4) 当吞噬细胞不能完全消灭病原体，通过它的处理使病原体暴露出特有的抗原后，只能把抗原传递给其他细胞，这才开始了特异性免疫的过程。		(3) 回答：属于非特异性免疫。
	7. 提问：(1) 抗体的本质是什么？它是怎么产生的？它是如何起作用的？ (2) 抗原最终是被谁完全消灭的？ (3) 在非特异性免疫中，吞噬细胞参与了第二道防线，在特异性免疫中也是它首先对抗原进行处理的，最后还是由它最终消灭了抗原。然而在体液免疫的范围内，最直接的武器是浆细胞产生的抗体。	7. 通过层层提问，让学生深入思考，进而了解特异性免疫的第三阶段。	7. (1) 回答：抗体的本质是蛋白质，它是B细胞受到抗原刺激后分化成的浆细胞合成分泌的。抗体与相应的抗原结合，形成沉淀或细胞集团，进而被吞噬细胞消灭。 (2) 抗原最终是被吞噬细胞消灭的。

（续上表）

	教师行为	教学技能的结构分析	学生行为
新知识的教学	8. 为什么当相同的抗原再次侵入机体时，机体的反应速度比第一次更迅速、高效？	8. 通过问题，让学生思考并了解特异性免疫的第二阶段。	8. 回答：抗原第一次侵入引起的体液免疫产生了相应的记忆细胞；当其再次侵入时，记忆细胞能迅速增殖分化，产生新的效应 B 细胞和新的记忆细胞，产生大量抗体。
	9. 体液免疫中起最大作用的是抗体。抗体分布在体液中，体液免疫对存在于体液中的抗体进行消灭，并由此而得名。请同学们用图表的形式画出体液免疫的过程，然后相互交流，进行解说。	9. 锻炼学生画图表的能力及交流表达的能力，把整个体液免疫过程梳理清楚。	9. 学生画图并解说：病原体经过吞噬细胞的摄取和处理，暴露出抗原后，将抗原传递给 T 细胞；T 细胞再将抗原传递给 B 细胞，其中少数抗原直接刺激 B 细胞，B 细胞受刺激后一小部分分化成记忆细胞，大部分分化成浆细胞，产生抗体。抗体和抗原结合形成沉淀或细胞集团，进而被吞噬细胞消灭。当机体再次接触这种抗原时，记忆细胞迅速增殖分化，快速产生大量抗体。

（续上表）

	教师行为	教学技能的结构分析	学生行为
新知识的教学	10. 通过体液免疫，机体只能消灭体液中的病原体，如果病原体已侵入细胞，抗体就无能为力，那么，消灭这些病原体可以通过什么途径呢？板书：细胞免疫。	10. 引出细胞免疫的学习。	10. 学生观看细胞免疫过程的 Flash 并听讲解，思考两者的异同。
	11. 教师播放细胞免疫过程的 Flash 并适当讲解，组织学生思考讨论：细胞免疫和体液免疫有什么异同点？	11. 通过比较学习法，观看 Flash 自主学习、对比，锻炼学生的对比学习能力。	11. 抗原都先被吞噬细胞摄取处理，然后传递给 T 细胞。
	12. 细胞免疫和体液免疫有什么相同点？展示细胞免疫的第一、二阶段图。	12. 通过图片比较两者的相同点，学习细胞免疫的第一、二阶段。	12. 体液免疫产生抗体以对付体液中的抗原。细胞免疫中起重要作用的效应 T 细胞不直接与抗原反应，而是使被抗原入侵的宿主细胞裂解死亡。
	13. 它们又有什么不同呢？展示体液免疫和细胞免疫第三阶段图。	13. 通过图片比较两者的不同点，学习细胞免疫的第三阶段。	

（续上表）

	教师行为	教学技能的结构分析	学生行为
新知识的教学	14. 只通过细胞免疫能消灭抗原吗？为什么？	14. 提问，使学生了解细胞免疫和体液免疫之间的紧密关系。	14. 不能，因为细胞免疫只能破坏抗原的宿主细胞，使病原体失去藏身之处，从而暴露在体液中。病原体经过吞噬细胞的摄取和处理，暴露出抗原后，将抗原传递给T细胞；T细胞分化为效应T细胞，效应T细胞与被抗原入侵的宿主细胞密切接触，使这些细胞裂解死亡。抗原失去了寄生藏身的基础，暴露在体液中，被体液中经过体液免疫产生的抗体结合，最终被吞噬细胞吞噬、消灭。
	15. 以学生异质小组为单位，用图表的形式画出细胞免疫的过程，然后进行相互交流，进行解说。		
课堂小结与知识扩展	1. 总结：展示细胞免疫和体液免疫图表，总结出两者都有感应阶段、反应阶段、效应阶段三个阶段。	1. 通过图表对比学习，锻炼学生归纳、总结的能力。	1. 学生听讲，总结出三个阶段。

（续上表）

	教师行为	教学技能的结构分析	学生行为
课堂小结与知识扩展	2. 展示练习题：填表归纳细胞免疫和体液免疫的不同点。	2. 通过练习，锻炼学生填表归纳的能力，巩固知识，检测学生掌握知识的程度。	2. 学生总结并回答两者的不同点。
	3. 总结体液免疫与细胞免疫的关系。		
	4. 提问：免疫系统的防卫功能是不是越强大越好呢？	4. 提问引出免疫病的学习。	4. 学生思考，课后查找资料，完成知识拓展。
课后检测	布置课后作业：以异质小组为单位，画出以“特异性免疫”为主题的概念图。	锻炼学生的自学能力，完成意义建构。	继续自主探究，完善概念图的构建。

【研究案例二】

“随机进入式探究学习”运用于初中生物新授课

——以人民教育出版社义务教育课程标准生物实验教科书八年级上册之第六单元“生物的多样性及其保护”第三章“保护生物的多样性”为例

第三章 保护生物的多样性

【教材简析】

物种灭绝的速度越来越快，如何保护生物的多样性，已成为当前世界各国十分重视的问题。为了使学生充分认识生物科学与人类生活的关系，培养其热爱祖国、热爱生物科学、热爱大自然的美好情感，本节课力图通过学生了解生物多样性面临的威胁和原因及参与保护生物多样性的活动，对学生进行情感、态度和价值观的教育。本教学列举了大量的事例，并指导学生完成与课程相关的实验和调查等活动，使学生从中受到强烈的震撼，意识到保护生物多样性的重要性，进一步增强热爱生物、热爱祖国的情感，自觉宣传对生物多样性的保护。

【教学目标】

1. 知识目标：

（1）了解生物多样性面临的威胁及其原因。

（2）关注我国特有的珍稀动植物。

（3）说出保护生物多样性的主要措施。

2. 技能目标：

（1）通过观看图片和录像，培养学生的观察能力和分析资料的能力。

（2）通过探究实验，培养学生探究实验的能力。

（3）通过调查活动，培养学生收集和处理信息的能力。

3. 情感目标：

（1）使学生明确保护珍稀动植物，保护生物多样性的重要意义。

（2）通过活动，激发学生关爱生命、保护珍稀动植物资源的自觉性，增进爱护生物多样性的情感，提高学生的参与意识和公民意识，明确保护生物的多样性就是保护人类自身。

【教学重点】

1. 了解生物多样性面临的威胁及其原因。

2. 关注我国特有的珍稀动植物。

3. 通过活动，激发学生关注生物多样性、保护生物多样性的情感，提高学生的参与意识和公民意识。

【教学难点】

进一步激发学生热爱生物、热爱祖国的情感，自觉宣传对生物多样性的保护。

【教学多媒体运用】

如果我们用常规的教学手段来上这节课，那么上课的内容就只能局限在课本上，只能利用课本的文字和图片进行教学，学生对本课的学习也很难提起兴趣。但是如果能充分利用多媒体进行教学，那么教师就能够在课本的基础上进行补充和拓展，利用更多的内容和方式，充分调动学生的各种感官进行学习，并激发他们的情感，不管是教学效果还是学习效果都会有显著的提高。

例如，利用多媒体把音乐和图片结合起来，带领学生一起缅怀已灭绝的动物，学生一边看着那些已灭绝而再无法重新恢复的生物种类，一边听着悲伤的音乐，体验到保护生物多样性的紧迫性和艰巨性。这是一种在课堂上无法用语言和文字所能代替的体验。

再例如，在课程结束之前，播放《我是一只小小鸟》的Flash动画，学生通过观看，对本教学会有初步的感性认知。然后通过问题的设置，引导学生进行思考，让学生从感性认识上升到理性认识，也使学生的情感从一种对生物的爱、对环境的保护之情上升到提出切合自身实际的保护生物多样性的建议，并自觉宣传对生物多样性的保护，从而达到对学生的情感、态度和价值观进行教育的目标。

在课前，指导学生分组完成“水污染对水禽羽毛的影响”的探究实验和“外来物种入侵”的调查。在课堂上，这两组的学生代表利用自己制作的多媒体课件向其他同学介绍、展示实验结果和调查结果。这样，其他的学生就算自己没有参与这两个活动，但是通过多媒体课件也能了解到实验的原理、过程。这是过去的常规教学方法所无法做到的。

利用多媒体进行教学，能够让学生更容易投入到教师的教学活动中，大大提高了学生的兴趣和学习积极性，也提高了学习效果。

【课前准备】

教师：指导学生分组进行探究实验和调查，准备相关资料，制作多媒体课件。

学生：分组进行探究实验和调查，并制作多媒体课件。

【教学内容与步骤】

教学步骤	教师活动	学生活动
情境导入	通过袁隆平发现野生水稻的科学小故事导入本课题。让学生知道物种灭绝是生命进化过程中的自然现象。 引导学生分析课本上的图表，思考问题。	引起学习的兴趣。 通过资料分析，思考老师的问题，初步了解到现在物种灭绝速度正在加快，生物多样性正面临严峻的威胁。
情感深化	在悲伤的背景音乐衬托下，展示相关图片，带领学生一起缅怀已灭绝的动物。	缅怀已灭绝的动物，激发爱护生物的情感。
关注我国珍稀动植物	利用图片向学生介绍我国特有的珍稀动植物。	了解我国特有的珍稀动植物，关注它们的生存状况，激发保护珍稀动植物，热爱祖国的情感。

（续上表）

教学步骤	教师活动	学生活动
威胁生物多样性的原因	引导学生对资料进行分析： 资料 1：利用问题和图片引导学生总结出原因。 资料 2：富有感情地朗读一则藏羚羊的小故事，利用电影截图引起学生的共鸣。 资料 3：在学生都知道环境污染会对生物造成影响的基础上，让课前完成相关实验的同学向全班介绍实验过程和实验结果。 资料 4：在学生阅读资料对外来物种造成的影响形成初步的认识后，让课前完成相关调查的同学展示调查结果，加深认识。 引导学生进行小组讨论，总结威胁生物多样性的原因。	思考问题后总结出资料 1 中的原因是乱砍滥伐。 听完小故事和看完图片后，激发爱护生物的情感，并认识到偷猎对生物多样性所带来的严重后果。 学生上台利用自己制作的多媒体课件介绍课前完成的“水污染对水禽羽毛的影响”的探究实验，其他同学共同对实验结果进行分析，切实体会到环境污染对生物所造成的影响。 学生上台利用自己制作的多媒体课件展示课前完成的“外来物种入侵”的调查结果，其他同学进一步了解外来物种入侵所带来的危害。 异质学生小组进行讨论，总结出四种威胁生物多样性的主要原因。
保护生物多样性的措施	先让学生自学课本第 96～97 页的内容，开展学生小组讨论，总结出保护生物多样性的措施及自然保护区的作用。 教师利用课件加以适当补充，强调必须实现其可持续发展。同时进行热爱祖国的情感教育。	在独立自学课本内容后，异质学生小组进行讨论，总结出保护生物多样性的措施有“建立自然保护区、迁地保护和制定相关法律法规等”。 观看课件演示，并回答教师的问题：自然保护区有什么作用。

（续上表）

教学步骤	教师活动	学生活动
情感升华	展示问题，引导学生带着问题观看《我是一只小小鸟》动画。 引导学生提出相关的建议。	观看动画并思考相关问题，使情感得到进一步的升华。 通过提出有关保护生物多样性的建议，提高主动宣传保护生物多样性的自觉性。
总结	在自然界中，一种生物的灭绝会导致 10 ~ 30 种其他生物的消失，接着又会导致上百种、上千种、上万种生物的消失。在地球漫长的生命进化过程中，各种生物之间彼此联系，形成相对稳定和庞大复杂的地球生物圈。如果许多的生物消失了，那么各种生态系统就会受到严重的破坏。地球生物圈也会受到严重的破坏，失去了生存的家园，人类还能如何很好地生存下去呢？因此，保护每一种生物，保护生物的多样性，就是保护人类自身的生存。让我们一起来保护我们共同的家园吧！	表达日后自觉保护生物多样性的决心。

（续上表）

<table>
<tr><td>
板书设计：

第三章　保护生物多样性

威胁生物多样性的原因：乱砍滥伐；偷猎；环境污染；外来物种入侵
保护生物多样性的措施：建立自然保护区；迁地保护；制定相关法律法规
</td></tr>
</table>

2. “随机进入式探究学习”策略的优点与局限

“随机进入式探究学习”策略的优点较多，主要是：

（1）有助于提升学生的元认知技能，提高学习效率。围绕生物多样性随机进入学习，能引导学生围绕生物学的同一概念或同一原理进行多角度的思考和讨论，以此训练学生思维的灵活性和深刻性，以实现对概念或原理全面而正确的理解和掌握。同时，它促进学生元认知技能的提升。元认知技能是指学习者具备了一定元认知知识后，可依据不同的任务有意识地选择和改变学习策略，从中体验成功的愉悦，并继续探究更适应自我发展的一种能力。如果学生具备了元认知技能，那么在生物学习过程中，他就会认定目标，自觉地运用元认知技能，不时反观自己的学习行为，并根据反馈的信息及时地调整自己的学习行为，更好地实现学习目标，全面而深入地掌握所学的生物学知识，形成相应的能力，提高学习效率。

（2）有助于发展教师的教学机智，提高教学效果。随机进入学习，应该是教师必须具有的一种自动化的应变能力，机智教学，是一个成功的授课者的法宝。这种随机生成的能力是教师智慧和技能的充分体现。面对瞬息万变的动态生成的教学过程，教师只有以先进的教育理念作支撑、以渊博的知识积累为背景、以深厚的教学基本功为基石，在实践中不断学习、摸索、思考、积淀，不断地充实自我、构建风格，提高自身的综合素质，才能对学生进行随机解惑，才能随机应变地处理课堂教学中发生的各种问题。

（3）有助于实施师生“教学做合一”的活动，培养学生对生命科学的探究能力。倡导探究性学习是新课程标准的基本理念，组织探究性学习首先要关注生物学教材中规定的探究项目的实施，并使探究性学习成为师生“教学做合一”的活动，让学生的眼、耳、手、口、脑等器官并用，学会提出问题、作出假设、制订计划、搜集证据、得出结论，同时在解决问题的过程中培养学生对生命科学的探究能力，发展其合作能力、实践能力和创新能力。

“随机进入式探究学习”策略也存在一些局限性，主要表现在：第一，由于探究性学习中各种问题的来源和性质不同，因此提出和检验假设的途径和方式也各不相同。“随机进入式探究学习”更适合于小班授课，目前中学的班级教学规模难以确保每个学生都能参与探究性学习的全部过程。第二，此策略适合于生物学中侧重基本概念、基本原理及过程的教学内容，尚不能适用于各种类型的学习课题。同时，探究性学习及其教学活动更注重知识的形成过程，难以使学生获得比较系统的学科基础知识。第三，开展探究性学习，与常规教学相比，需要准备更多的教学设备；另外，探究教学活动耗费的时间也较多。

二、“课堂支架式主题学习”凸显元认知监控的训练策略

1. “课堂支架式主题学习”策略的操作程序

支架式教学（也称为“脚手架式教学”或“支撑点式教

学”)，源自于苏联心理学家维果茨基的社会建构主义理论和最近发展区理论，它基于学生的最近发展区提供个性化的学习支持。根据欧共体“远距离教育与训练项目”（DGXⅢ）的有关文件，支架式教学被定义为：“支架式教学应当为学习者建构对知识的理解提供一种概念框架。这种框架中的概念是为发展学习者对问题的进一步理解所需要的，为此，事先要把复杂的学习任务加以分解，以便于把学习者的理解逐步引向深入。”在支架式教学中，教师必须提供支架和支持帮助学生，利用学生已有的知识内化新的知识，使学生主动地发展。“课堂支架式主题学习”策略的操作程序是：

（1）搭脚手架，进入主题。这是支架式设计的准备阶段。教师必须围绕当前的学习主题，分析学生已经掌握的知识和即将引入的新任务之间的距离，即维果茨基的“最近发展区”，通过运用多种媒体的组合，将学生引入一定的问题情境，建立和巩固学生学习的“接收支架”。

这一环节实质上是教师引导学生探索问题情境的过程。首先，教师要帮助学生确立学习目标，为学生的自主探索定向；其次，围绕当前学习内容，教师为学生提供学习该内容所需要的概念框架。

（2）适时提示，自主探究。一般而言，学生自主探究前要先由教师对学习主题的概念进行诱导，提供相关资源供学生分析选择。探究过程中教师要适时提示，帮助学员沿概念框架逐步攀升。学生开展自主探究的内容包括：确定与给定概念有关的各种属性，并将各种属性按其重要程度有顺序地排列。

（3）异质互补，协作学习。学生需要按照教师提供的学习主题理清各个概念间的逻辑联系（即转换支架），进行小组协作学习，去粗取精，筛选和甄别所有材料。由于有教师提供的资源和学生自主探究的成果支撑，协作学习是完全自主的，其结果可能使原来多种意见相互矛盾的复杂局面逐渐变得明朗、一致起来。

学生们在共享集体思维成果的基础上，达到对当前所学的生物学主题比较全面、正确的理解，最终完成对所学知识意义的建构。

（4）总结检测，效果评价。此环节是对学生在自主探究和协作学习中的情况进行总结评价。评价内容包括：①自主学习能力；②对小组协作学习所作出的贡献；③是否完成对所学知识意义的建构。评价方法可以由学生个人、学生小组和教师的评价相结合。教师在课堂上也要适时适度地对学生（小组）的行为进行评价，多用肯定和赞扬的语言，以增强学生学习的自信心，让学生在解决问题的过程中得到成就感，在学习中感受到快乐和满足。

安排学生参与评价的原因是，每一组、每一个同学的思维方式、探究思路与探索方法不尽相同，让每个同学都进行总结更能体现个体差异。学生反思自己的探究过程、探究思路、探究方法、探究步骤、探究结果等，检查实验过程是否有错误和疏漏，从而对结论的可靠性进行评估，为以后的探究实验少走弯路、少出错误作好铺垫。这个部分可以以作业的形式留给学生自己课后总结。

【研究案例】

“课堂支架式主题学习”运用于高中生物模型建构学习课

——以人民教育出版社普通高中课程标准生物实验教科书《必修2：遗传与进化》之第三章“基因的本质”第二节“DNA分子的结构”为例

第二节　DNA分子的结构

【教材及训练策略简析】

本节内容由DNA双螺旋结构模型的构建、DNA分子结构的主要特点及制作 DNA 双螺旋结构模型三部分内容构成，在结构体系上体现了人们对科学理论的认识过程和方法，是进行探究式教学的极好素材。在教学中，通过发挥学生的主体作用，优化课堂教学，妙用科学史实例，把知识的传授过程优化成科学的探究过程，让学生在探究中学习科学研究的方法，从而渗透科学方法的教育。

本课学习的传统方式主要以讲授为主，但由于课中内容极为抽象，涉及物理、化学、数学等学科知识，对逻辑思维和发散性思维都有比较高的要求。传统的讲授方式虽然能灌输一部分识记知识，也能“节约时间”多做一两条习题以巩固知识，但从过往的经验来看，很多学生都停留在表面的浅层次的认知水平上。这给今后遗传内容的学习埋下了隐患。

因此，我们运用自主探究式实验训练方式，进行异质编组，实现优劣互补；利用实验的未知性，激发学生探究的原动力。本训练课要求学生先通过“列证据，说道理”的方式整理思路，再为自己的推测设计实验，并进行结果预测，最后动手实验加以证明。

【教学目标】

1. 知识目标：概述 DNA 分子结构的主要特点。

2. 能力目标：制作 DNA 分子的双螺旋结构模型。

3. 情感态度与价值观目标：体验 DNA 双螺旋结构模型的构建历程，感悟科学研究中蕴涵的科学思想和科学态度。

【教学重点与难点】

1. 讲述 DNA 分子结构的主要特点。

2. 制作 DNA 分子的双螺旋结构模型。

【教学内容与步骤】

	教师行为	教学技能的结构分析	学生行为
导入探究	1. 多媒体展示，介绍发现DNA分子双螺旋结构的两位科学家及19世纪关于DNA成分的成果。 2. 设问质疑：科学家是如何揭示DNA分子结构的？	情境导入，集中学生的注意力，引发思维。	观看资料，思考问题。
探究实验	指导学生阅读DNA双螺旋结构模型的构建过程，认真思考以下问题，开展小组学习讨论： (1) 沃森和克里克开始研究DNA结构时，科学界对DNA已有的认识是什么？ (2) 什么是衍射现象？	提供资料，学习讨论，确立目标。	(1) 讨论后回答：DNA分子是以4种脱氧核苷酸为基本单位连接而成的长链，呈螺旋结构。脱氧核苷酸由含氮碱基、脱氧核糖、磷酸组成。 (2) 根据物理学知识回答。

（续上表）

	教师行为	教学技能的结构分析	学生行为
探究实验	1. 要求学生异质小组分别用课前准备的磷酸、脱氧核糖及 4 种含氮碱基的零件，组装 4 种脱氧核苷酸模型；然后进行组间交流。	1. 探究活动，异质合作，初步构建模型。 教师不评价学生的活动，只反复提醒学生多用不同的方式组装模型。	1. 组装模型过程中对发现的问题或出现的错误，小组内展开讨论和探究学习。 由于是异质编组，观察能力强的学生会发现“脱氧核糖上安装碱基和磷酸的接口不一致”，从而让原本无序乱拼的组装，找到有序的安装方式。 组间交流时学生会发现，组装出来的脱氧核苷酸模型不止教师说的四种，其间可能出现三个有争议的模型：带两个磷酸的脱氧核苷酸，带一个磷酸但连接在脱氧核糖不同位置的两种脱氧核苷酸。

（续上表）

	教师行为	教学技能的结构分析	学生行为
探究实验	2. 要求学生异质小组分别用自己组装出来的脱氧核苷酸，尝试拼接 DNA 单链，进而尝试组成 DNA 双链。	2. 锻炼学生自主探究的能力，发挥学生的主体作用，锻炼学生小组合作学习的能力。 学生先通过“列证据”的方式整理探究的思路、进行结果的预测，进而开始探究实验加以证明；出现分歧时教师再进行“说道理”给予指导。	2. 由于学生对于脱氧核苷酸之间的连接方式不清楚，大多数同学只能靠乱猜乱拼，直到逻辑思维能力强的组员应用上面实验发现的“接口不一致”原理，才成功地把两个脱氧核苷酸连接上，进而拼接成 DNA 单链。 有些学生小组可能很快发现，带两个磷酸的脱氧核苷酸不能相互拼接，因此，推出这个假设模型不成立的结论；而带一个磷酸但连接在脱氧核糖不同位置的两种脱氧核苷酸，只有一种是正确的。

（续上表）

	教师行为	教学技能的结构分析	学生行为
探究实验	3. 教师给学生解惑指导：简明扼要地将 DNA 发现的整个历程加以描述，尤其是从单链到双链的过渡部分，特别提及沃森和克里克一开始 AA 和 TT 的错误配对以及后来在查哥夫的重要信息后所作出的修正。 还需指出，探究实验虽然与真正的 DNA 发现历程相去甚远，结果也并非通过生物学原理而得出，但实验经历的是与发现者相同的感受。	3. 教师干预，指导修正，使学生感悟科学研究中蕴涵的科学思想和科学态度。	3. 学生小组协作，拼接有错者自行更正，无法完成拼接者按照教师的指导体验模型拼接的完成。
新知识教学	1. 教师结合课件讲解： （1）脱氧核苷酸的结构简式； （2）DNA 单链的组成； （3）遵循碱基互补配对原则的 DNA 双螺旋结构。 2. 通过多媒体课件，师生一起归纳出 DNA 分子结构的三大要点。	1. 按照知识目标的要求，开展本节“DNA 分子结构的主要特点”的教学。 2. 通过探究学习，锻炼学生归纳、总结的能力。	1. 学生观看课件并听讲解，结合已经动手动脑完成的探究经历，理解和掌握重点。 2. 学生在探究学习已形成的认知基础上，参与总结并作答。

（续上表）

	教师行为	教学技能的结构分析	学生行为
课堂小结与知识拓展	1. 要求学生完成“DNA 分子的结构”的探究学案。 2. 要求学生堂上独立完成教材第 51 页第一部分的基础题，之后提问检测、更正答案。 3. 对本节内容进行总结。 4. 布置课后作业： （1）教材第 51 页第二部分的拓展题； （2）鼓励学生课后总结在制作和运用 DNA 分子模型过程中的经验得失，寻找更好的材料用具和方法，设计制作更科学、更美观、使用更方便的 DNA 双螺旋结构模型。	1. 锻炼学生归纳、总结的能力，巩固知识。 2. 通过练习，检测学生掌握知识的程度。	1. 学生完成探究学案。 2. 学生完成书本练习，并按提问作答。

附 件

“DNA 分子的结构”学案

1. 请填写你们小组的脱氧核糖核苷酸的名称：__________。因为含有__________，所以我组的脱氧核糖核苷酸全称为__________脱氧核糖核苷酸。

2. DNA 的研究过程、生物学家和物理学家的合作，给你带来什么样的启示？

3. 你在本节的学习中对小组协作学习有哪些贡献？自己的探究思路有哪些疏漏？（此题可课后完成）

4. 完成以下填空。

DNA 分子一般由________条链组成，它们按__________方式盘旋成为__________结构。DNA 分子中的__________和__________交替连接，排列在______侧，构成__________；__________排列在内侧；两条链上的__________通过__________连接成碱基对，而且碱基对有一定规律：A 与__________配对（______个氢键）；G 与______配对（______个氢键），这称为__________原则。

5. 判断题：

DNA 分子中，每个脱氧核糖上连接一个磷酸和一个碱基。（对　错）

6. DNA 的一条链中，(A+G) / (T+C) =0.4，上述比在其互补链和整个 DNA 分子中分别是（　）。

A. 0.4 和 0.6　　B. 2.5 和 1.0

C. 0.4 和 0.4　　D. 0.6 和 1.0

2. “课堂支架式主题学习”策略的优点与局限

“课堂支架式主题学习”策略的优点，主要体现在：

（1）可以较好地处理教师的“教”与学生的“学”之间的关系。在支架式教学法中，教师将教学的新知识设计隐藏在一个或几个支架问题中，然后将支架问题分解为若干子问题；学生参与教学过程，通过对问题进行自主的分析、讨论、探究，得到协作学习的结果，然后由教师加以综合、归纳，最后使学生理解和掌握问题的正确答案。这种师生合作的教学方式，最大的优势是能够克服学生的惰性，调动其学习积极性，提高学生的分析能力、自主学习能力及协作能力。在解决问题的过程中，学生可以体会到解决问题所带来的成就感；而且，生活化、通俗化的教学更容易被学生理解，更能拉近师生间的距离。

（2）便于找出学习过程中的疏漏，利于及时采取补救措施，保证学习的成功。其原因在于“课堂支架式主题学习”策略能有效地提高学生的元认知监控水平。元认知监控是指学习者依据元认知知识和元认知体验对认知活动进行的积极监控和调节，它是学习成功的关键。学生的学习过程一般都不是顺利的，其中肯定存在着这样那样的疏漏。在此策略实施的认知活动中，学生在教师的适时指导下及时诊断自己的学习过程，调整自己的学习计划，选用适当的学习方法，不断弥补和修正学习反馈中暴露的遗漏问题，保障学习任务的完成，与此同时，元认知监控水平在不知不觉中得到提高。

只有教师在指导培养学生的学习活动中，始终注意有目的、有系统地反复训练学生对监控策略的应用，并将这种练习活动积累到一定的程度，使活动内化，才能让学生较长期有效地具备元认知监控策略，逐步实现从他控到自控、从单维到多维、从有意识到自动化、从局部监控到整体监控，从而真正提高学生的元认知监控水平。

（3）实现学习过程和探究过程的统一，使学生在体验知识的发现和创造过程中获得知识。问题探究是“课堂支架式主题学习”策略教学活动的主要呈现形式。支架原本指建筑行业中使用的脚手架，在这里用来形象地描述一种教学方式：学生被看作是一座建筑，他们的“学”是不断地、积极地建构自身的过程；而教师的“教”则是一个必要的脚手架，支持着学生不断地建构自己，建造新的能力水平。因此，支架教学中的“支架”问题应根据学生的“最近发展区”来设立。通过支架引发的问题探究学习，可以不停地将学生的智力水平引导到更高层次，即从学生潜在的发展水平开始，不断创造新的“最近发展区”，从而使学生不断自主地获取知识。

“课堂支架式主题学习”策略的局限性主要表现在：第一，支架式教学较适合于学生自主能力培养的过渡阶段，受一定固定模式的限制，随着学生自身经验的丰富与能力的提高，教师指导的成分会逐渐减少，直至被撤除，最终使学生成为一个自主的学习者，自主承担学习结果和学习过程的责任。第二，问题是学习过程中最为常见的支架，相对框架问题而言，支架问题的系统性较弱，有经验的教师会在学生的学习过程中自然地、灵活地提供此类支架。第三，支架式教学方法并不适合所有的教学内容。

第四章　研究性学习中协同学习与元认知整合的增效设计

第一节　生物学研究性学习的内涵与外延

一、研究性学习的定义

2000年1月，国家教育部的《全日制普通高级中学课程计划（试验修订稿）》将研究性学习作为一门必修课程，与社会实践、社区服务、劳动技术教育共同构成“综合实践活动”。

这四大指定领域在逻辑上不是并列的关系，更不是相互割裂的关系。研究性学习作为综合实践活动的基础，倡导探究的学习方式，渗透于实践活动的全部内容。另一方面社区服务与社会实践、信息技术教育、劳动与技术教育则是研究性学习探究的重要内容。所以，在实践过程中，四大指定领域是以相互配合的形态呈现的。

国家教育部文件（教基〔2000〕3号）明确指出：研究性学习以学生的自主性、探索性学习为基础，从学生生活和社会生活中选择和确定研究专题，主要以个人或小组合作的方式进行。通过亲身实践获取直接经验，养成科学的精神和科学的态度，掌握基本的科学方法，提高综合运用所学知识解决实际问题的能力。在研究性学习中，教师是组织者、参与者和指导者。

二、生物学研究性学习的内涵

1. 生物学研究性学习的内容

生物学研究性学习是指在生物教学过程中，为学生创设一种类似于科学研究的情境和途径，从自然、社会和学生自身生活中选择和确定研究专题，学生以类似于科学研究的方式，调查了解社会、主动获取知识，应用所学的生物学知识解决实际问题、获得发展的学习领域。研究性学习强调学生通过实践，增强探究和创新意识，学习科学方法，发展综合运用知识的能力。学生通过研究性学习活动，形成一种积极与生动的自主、合作、探究的学习方式。

在这种学习方式下，教师不再作为知识的权威，将完全预定的、不可更改的知识体系传授给学生，而是充当指导者、合作者和助手的角色，与学生共同经历知识探究的过程；学生不再作为知识的接收者被动地学习，而是与教师一样通过各种途径获取信息，带着自己的兴趣和需要与客观世界对话，从而使学习与研究相统一。

“研究”作为研究性学习的基本事实方式，可以是涉足于未知知识领域的探究，也可以是对已有知识个性化的再认识，不一定要具有前沿性或是前所未有的。研究结果也不一定要造福人类，或具有创造性，甚至不一定要有结果或正确的结果。因此研究性学习实际上注重的是研究的过程，而不是研究的结果，它注重对学生意识、精神、创造性的培养，而不注重现成的结论。研究性学习的根本目的是，让学生更多地感受、理解知识产生和发展的过程，更好地培养学生的科学精神、创新思维，切实有效地提高学生收集处理信息的能力、获取新知识的能力、分析解决问题的能力以及团结协作和社会活动的能力。

2. 生物学研究性学习内容的选择原则

（1）尊重每一个学生的兴趣、爱好与特长；

（2）体现每一所学校的特色；

（3）反映每一所学校所在社区的特色；

（4）善于引导学生从日常生活中选取探究的课题或问题。

3. 生物学研究性学习的特性

生物学研究性学习有六个特性：实践性、研发性、全员性、自主性、开放性、生成性。

（1）实践性。研究性学习课程以学生的现实生活和社会实践为基础挖掘课程资源，而非在学科知识的逻辑序列中构建课程。研究性学习课程以活动为主要的开展形式，强调学生的亲身经历，要求学生积极参与各项活动，在“做”、“考察”、“实验”、“探究”、“体验”等一系列的活动中发现和解决问题，体验和感受生活，发展实践和创新能力。

（2）研发性。生物学研究性学习，正如布鲁纳认为的，教学过程是在教师的引导下学生发现的过程，以研究发现为主要的学习方式。其方法可以是社会调查、自主探究、体验学习、课堂讨论、查阅资料等。它要求学生利用所给定的材料（如教材、生活及社会等）作为研究对象，主动地进行学习，通过研究发现生物界的多种规律及知识技巧；强调学生要成为一个发现者，学会思考和探索事物，主动发现问题的结论和规律，而不应消极地接受知识。

改变学习方式，学生有可能在更高的层面上开展学习，但这并不意味着否定记忆、理解等层面学习的必要性和重要性，也不否定接受式学习方式的必要性和重要性。相反，研究性学习十分注重以其他课程的学习为基础，进而提供并扩展学生多元学习的机会和体验，激活学生在其他课程学习中的“知识储存”。

（3）全员性。生物学研究性学习并不是培养少数学习尖子、偏向于少数特长学生的课外活动，而是面向全体学生、全员参与的学习方式。每个学生都有充分的学习潜能，为他们进行不同层次的研究性学习提供了可能性，而研究性学习又使学生学习潜能的开发得到了很好的机会。

经验和研究表明，对未知世界的好奇心和探究需求是青少年学生普遍的特性。在符合他们身心特点和发展水平的探究活动中，学生往往都兴趣盎然，动机强烈，情绪高涨，接受知识和综合运用知识的效率特别高。因此，尽管学生之间存在着个别差异，但参与研究性学习并取得良好收获的可能性，则是全体学生都具有的。

（4）自主性。生物学研究性学习以学生的直接经验或体验为基础，鼓励学生自主选择和主动探究，促使学生综合运用学科知识，充分尊重学生的兴趣、爱好，为其个性的充分发展开辟广阔的空间。开展研究性学习时，学生可以自主选择学习的目标、内容、方式及指导教师，自己决定活动结果呈现的形式；而教师的指导作用则体现在帮助学生完善其自主选择意识和能力，而不是代替学生选择。

（5）开放性。其原因有三：①研究性学习课程面向每一个学生的个性发展，尊重每一个学生发展的特殊需要，其课程目标具有开放性；②研究性学习课程面向学生的整个生活世界，它随着学生生活的变化而变化，其课程内容具有开放性；③研究性学习课程关注学生在活动过程中所产生的丰富多彩的学习体验和个性化的创造性表现，其评价标准具有多元性，因而其活动过程与结果均具有开放性。

（6）生成性。这是它的本质特性。生物学研究性学习对活动进行整体规划和周密设计，不限制其生成性，而是为了使其生成性发挥得更具方向感、更富成效。随着活动的不断开展，学生兴趣盎然，新目标和新主题随之不断生成，认识和体验不断加深，创造性的火花不断迸发，这是研究性学习生成性的集中表现。它意味着每一个活动都是一个能动的有机整体，而非根据预定目标的机械装配过程。

研究性学习注重学习过程，而非研究的结果；注重知识技能的应用，而非掌握知识的数量；注重亲身参与探索性的实践活动，获得成绩和体验，而非一般地接受别人传授的经验；注重全员参与，而非只关注少数尖子学生在竞赛中得奖。研究性学习的上述特性，有利于学生创造性思维的形成与发展，符合素质教育的根本要求，并能较好地克服陈旧的教学方法所产生的弊端。

三、生物学研究性学习的外延

1. 开展生物学研究性学习的目标

（1）培养学生的发现问题和解决问题的能力。生物学研究性学习通常围绕一个需要解决的实际问题展开。发现问题是指学生能在现实生活中发现问题、敢于提出问题，它是创造的起点。在活动过程中，教师通过引导和鼓励学生自主地发现和提出问题、设计解决问题的方案、收集和分析资料、运用已有的知识与经验，寻找解决问题的办法，逐步培养学生形成质疑、乐于探究的积极情感和解决问题的能力。

（2）培养学生的合作意识和能力。合作意识和能力是现代人应具备的基本素质。小组合作学习是研究性学习的有效组织形式，不仅有利于课题研究的开展和发挥学生的特长，更有利于培养学生的合作意识和团队精神，使他们在与同伴分工合作、提出问题、制订方案、收集信息、寻找答案的过程中，学会倾听别人的意见，学会表达自己的观点，学会与别人达成一致，学会分享共同的成果等。

（3）培养学生收集、分析和利用信息的能力。研究性学习开展的过程中，学生需要利用多种有效手段、通过多种途径获取信息，需要整理与归纳信息，并恰当地利用信息。这个过程有利于培养学生收集和处理信息的能力。

（4）培养学生的创新意识和创新能力。研究性学习要求学生在活动过程中不拘泥于书本，不迷信权威，鼓励学生充分发挥自己的想象力，独立思考，标新立异，大胆提出自己的新观点、新思路、新方法，并积极主动地探索，激发他们探究和创新的欲望，培养其创新能力。

（5）培养学生对社会的责任心和使命感。研究性学习的内容大多是与社会生活实际密切相关的课题，特别是人类的生存和社会发展问题，如环境问题、社区发展等，与人们的生活息息相关。引导学生对这些问题进行探究，可培养学生关心社会、关心生态环境、关心可持续发展的社会责任感。

2. 开展生物学研究性学习需遵循的原则

研究性学习是由教师与学生合作开发与实施的。教师和学生既是活动方案的开发者，又是活动方案的实施者。开展生物学研究性学习，必须遵循以下原则：

（1）正确处理学生自主选择、主动实践与教师有效指导的关系。倡导学生对课题的自主选择和主动实践是开展研究性学习的关键。①学生要形成问题意识，善于从日常生活中发现自己感兴趣的问题。②学生要善于选择自己感兴趣的课题。③在课题的展开阶段，可以采取多种多样的组织方式，主要包括：个人独立探究的方式；小组合作探究的方式；班级合作探究的方式；跨班级与跨年级合作探究的方式；学校内合作探究的方式；跨学校合作探究的方式；跨地区、跨国界合作探究的方式等。④在课题的探究过程中要遵循“亲历实践、深度探究”的原则，倡导亲身体验的学习方法，引导学生对自己感兴趣的课题持续、深入地探究，防止浅尝辄止。

教师要对学生的活动加以有效地指导。在指导内容上，研究性学习的指导根本上是创设学生发现问题的情境，引导学生从问题情境中选择适合自己的探究课题，帮助学生找到适合自己的学习方式和探究方式。在指导方式上，研究性学习倡导团体指导与协同教学。不能把研究性学习的指导权只赋予某一学科的教师或班主任或专门从事研究性学习指导的教师，而应通过有效的方式将所有教师的智慧集中起来，对研究性学习进行协同指导。

总之，教师既不能“教”研究性学习，也不能推卸指导的责任，放任学生完全自学，而应把自己的有效指导与鼓励学生自主选择、主动实践有机结合起来。

（2）课时集中使用与分散使用相结合。研究性学习应采用弹性课时制，即将每周 3 课时的研究性学习时间根据需要进行灵活安排，做到集中使用与分散使用相结合。例如，可以将每周的时间集中在一个单位时间内使用，也可将几周的时间集中在一天中使用，亦可根据需要将研究性学习时间与某学科打通进而使用，等等。

（3）整合校内课程与校外课程。研究性学习应打破学校、教室的束缚，把校内课程与校外课程整合起来，把常规教育与非常规教育融合起来，积极鼓励学校和学生利用双休日、节假日开展研究性学习。

（4）把信息技术与研究性学习的内容和实施过程进行有机整合。研究性学习要求把信息技术有机地融入研究性学习的内容与实施过程之中。①信息技术领域是研究性学习重要的探究内容，要求做到信息技术内容与研究性学习的其他内容有机整合。②在研究性学习的实施过程中，要积极运用网络等信息技术手段，以拓展研究性学习的时空范围，提升研究性学习的实施水平。各地区、学校要谋求建立局域网、校园网，为学生进行跨地区、跨学校、跨班级的探究合作开辟空间，为教师进行跨地区、跨学校、跨班级的指导合作提供条件。③信息技术手段的设计与运用要致力于为学生创造反思性的、自主合作探究的学习情境和问题情境，防止流于纯粹的技能训练。

3. 生物学研究性学习的实施方式

（1）实验操作。针对有实验元素内容的教材或学习材料，让学生自己模拟或加以改进，进行实验操作，在具体的体验过程中开展研究性学习。

（2）比较异同。向学生提供内容上互相关联的一组学习材料，让学生对其相同点、不同点进行比较探究，开展研究性学习。通过这种方式，可以使学生思维活跃，在研讨、探究、辩驳中强化创造性思维的训练，开展积极主动、生动活泼的研究性学习。

（3）社会调查。采用这种实践方式，能训练学生学会发现问题的能力，针对问题展开社会调查，进行研究性学习。

（4）焦点争论。由教师提出焦点问题，或鼓励学生自己发现有研究、讨论价值的焦点问题，在小组中讨论探究，进行研究性学习。

（5）学科融合。抓准本学科与其他学科的融合点或交叉点，让学生从这些融合点或交叉点出发，大量涉猎其他学科中的相关知识，开展本学科的专题研究活动，撰写研究论文。

4. 生物学研究性学习涉及的领域

（1）自然探究领域的主题探究或课题研究。主题探究是以学生感兴趣的问题或主题为中心，遵循科学研究最基本的规范和步骤而开展的研究性学习活动。课题研究学习与设计学习具有内在的联系，学生通过对有关问题的研究，提出解决问题的方案或策略，如关于环境保护方面的课题研究学习，学生一般都必须提出解决有关环境保护的对策。

生物学的主题探究所涉及的领域，主要包括自然现象或问题的研究。自然探究领域十分广泛，主要涉及与人的存在环境相关的自然事物或现象的问题研究。该活动领域的核心是人现实生活的自然环境，如水资源研究、植被研究、现实生活环境、环境生命科学、健康等。

（2）生活学习。生活学习一直是中小学课程设计的基本领域之一。生活学习是与学生生活能力、适应能力相关联的实践性学习。生活学习的领域主要包括：

①生活技能的实践活动。如鲜花保鲜、宠物狗驯养方式研究、宠物狗饲料及其喂养研究、如何才能防止饥饿、传染病和非传染病、噪音与健康、中小学生的饮食与营养问题研究，等等。

②生活中的科技运用、设计与创造活动。如垃圾污染、光污染、噪音污染与处理问题研究，废水处理，城市植物与绿化，运动饮料调查，橘皮的构造及其使用价值，岭南特色果酒酿制方法的初步研究等活动。

总之，生物学研究性学习的领域体现出跨学科、综合性、研究性、生活性和实践性等基本特征。

5. 生物学研究性学习的类型划分

研究性学习既可以表现为一门课程，也可以表现为一种学习方式；既可用于科学探究，又可用于社会探究。我们可以从不同的角度，将生物学研究性学习的类型划分为：

（1）部分探究与完全探究。从研究性学习能否充分地体现出探究性、实践性、开放性和综合性四大特点，可以将之划分为部分探究性学习和完全探究性学习两种类型。这种划分法的意义在于操作层面，不仅有利于使探究性学习成为研究性学习课程的组成部分，而且有利于研究性学习此方式进入学科课堂教学领域。

①部分探究学习。它要求在生物学课堂教学中，体现探究性和实践性的特征。在完成课程教学目标和要求的前提下，在课堂教学中采取探究性学习的方法，引导学生以探究的方式发现问题、获取信息、整合知识、培养能力。但因受课堂教学条件的局限，此类探究既不可能实现时间和空间的完全开放，也不可能充分体现综合性。

②完全探究学习。它在实现探究性、实践性的同时，全面体现了开放性和综合性的特点。这种学习，需要突破时间和空间限制，即学习过程不拘泥于课堂，不拘泥于课时，不拘泥于某一学科，也不拘泥于教材和知识点，而采取“专题研究学习”的

方式。

事实上，所谓完全探究学习就是研究性学习课程的学习方式，是本章部分案例选用的活动形式；而部分探究学习指的是在生物学科课堂采用研究性学习方式来组织教学活动，也是本书第三章的部分案例选用的活动形式。

（2）课题研究与项目（活动）设计。根据研究性学习的实施层面与研究内容的不同，将研究性学习课程划分为课题研究与项目（活动）设计两种类型。这两种类型都属于我们界定的完全探究型。

①课题研究以认识和解决某一问题为主要目的，具体包括调查研究、实验研究、文献研究等类型。课题研究实际上是以问题解决为中心的探究学习，可以称为基于问题解决的研究性学习。

②项目（活动）设计以解决一个比较复杂的操作问题为主要目的，一般包括社会性活动的设计和科技类项目的设计两种类型。前者如一次环境保护活动的策划，后者如某一设备、设施的制作、建设或改造的设计等。项目（活动）设计的思想来源于当今国际教育界十分推崇的项目教学法，可称为基于项目活动的研究性学习。

（3）知识探究型、准学术研究型与创新研究型。从专题研究的性质可以将研究性学习分为知识探究型、准学术研究型和创新研究型。这种分类的准则是：研究性学习主要是为了解决“是什么”、“为什么”还有“怎样做得更好”的问题，三者类似于科学研究中的“应用研究”、“理论研究”和“发展研究”的范畴。

①知识探究型。在知识探究型的研究性学习中，学生学到某一方面的知识，在教师指定下拓宽学习范围，获得学习体验，形成探究学习的报告。这种探究式学习研究，能有效地独立解决“是什么”的知识探究型问题。例如有学生的专题研究题目是“蚊子的习性和预防措施调查”、“宠物狗的分类”等，它们都属于知识探究型学习，主要是为了发展学生的基础性学力。

②准学术研究型。它指学生在生物学科学习或课外学习中，对某一内容发生浓厚兴趣，从而确定专题，在教师指导下，用数周、数月甚至更长的时间作研究探索，写出“再发现”式的学术论文，如《岭南特色果酒酿制方法的初步研究》、《影响食物腐烂的因素》等学术性论文。这种专题研究能有效解决“为什么”的准学术研究型问题，是发展拓展性学力最为有效的手段。

③创新研究型。这种类型在研究性学习中位于最高层次，能有效解决“怎样做得更好”的问题，是发展研究性学力最为重要的手段。历届国家组织的全国青少年创新大赛和“生物与环境科学实践活动”涌现出大批高水平的发现、发明获奖作品。如某学生发现水螅对水质变化的反应很敏感，经过长期观察和实验，提出可以把水螅作为水环境生物监测的一种工具的观点，有极广阔的应用前景。

第二节　自然探究领域中协同学习与元认知整合的研究性学习策略

从经济合作与发展组织（OECD）《以知识为基础的经济》报告对知识的分类可以看到，上一节中基于“专题研究”的研究性学习分类中的“知识探究型”和“准学术研究型”，正好分别对应于“事实知识”和“原理知识”的学习；“创新研究型”的目标则对应于学习“技能知识”和“人力知识”，分别属于对“认知类知识”与“意会类知识”两种不同层次的学习。

鉴于此，本节采用基于专题研究的研究性学习分类框架，选择部分生物学研究性学习的典型案例，以说明协同学习与元认知整合对自然探究领域的研究性学习的增效作用。

一、丰富元认知知识的“知识探究型”研究性学习

丰富元认知知识的“知识探究型”研究性学习，是一种互

助—合作学习，适合认知类知识中“事实知识”的学习，适用于需要发展基础性学力的学生小组学习。

互助—合作学习，概括而言，就是以学习小组为基本形式，系统地利用教学中的动态因素进行互动，促进学生的学习。因此，最为关键的环节是进行学生的合理化分组。小组可以根据不同的情况、不同的内容或不同的阶段，采取不同的分组类型。而根据类型的不同，小组的成员也必须不断调整，使全班同学都有成为自己合作伙伴的机会，使小组的合作内涵更广。这样的学习方式，能活化和拓宽学生的元认知知识，让学生体会到自己在小组合作中的存在价值以及自己的进步带来的成就感，有利于培养学生的团队精神、调动全体学生主动地学习并体验到成长的快乐。

其一般程序为：确定课题→互助互动（查阅文献资料或进行观察、调查、访谈）→合作调整（收集、分析、整理资料）→丰富知识→得出结论→撰写报告。

【研究性学习案例】

蚊子的习性和预防措施调查

（一）选题背景

自然界的动物杀手排行榜上，位居榜首的不是豺狼虎豹，而是毫不起眼的蚊子。提起蚊子，没有人不憎恨。因为它干扰了我们的生活，使我们不得安宁，不断的刺痛、搔痒给我们带来不少的麻烦，从而影响到我们的学习和休息。不仅如此，它们还把病毒传染给我们和其他动物，使成千上万的生命受到威胁。

（二）研究目的

为了能让大家更好地了解身边适合蚊子生存繁殖的地方，使大家能及时清理污浊地，并学会在户内外活动时，能运用简单的方法预防蚊子叮咬与疾病传染及妥善处理被蚊子叮咬后的伤口，我们小组开展了详细的调查研究。

（三）研究方法

1. 文献资料研究法：通过查阅文本数据及网络数据，了解蚊子的生活习性，收集登革热发病情况的资料。

（1）查找资料的主要网址：http：//images. google. cn；http：//baike. baidu. com

（2）相关报纸：《广州日报》等。

2. 观察法和调查法：通过观察和访问，了解蚊子喜欢叮咬的人群和驱蚊的有效方法。

（四）研究过程

1. 收集资料，了解蚊子的生活习性及危害。

蚊子属昆虫纲，是传播疾病的重要媒介，大致可分为三类。①按蚊（如图1）：成虫的特征是其翅膀没有斑点，身体是灰色的，它们在停留时，与停留面保持一定的角度。②库蚊（如图2）：它的特征是其翅膀无斑，体色为棕色，在停留的时候，其与停留面保持平衡状态。以上两类大多在夜间吸血。③伊蚊（如图3）：伊蚊的特征是其翅膀没有斑点，体色为黑色且有白斑，它喜欢在白天吸血，因此我们常在室内或阴凉的地方遭受到这类蚊子的侵扰。

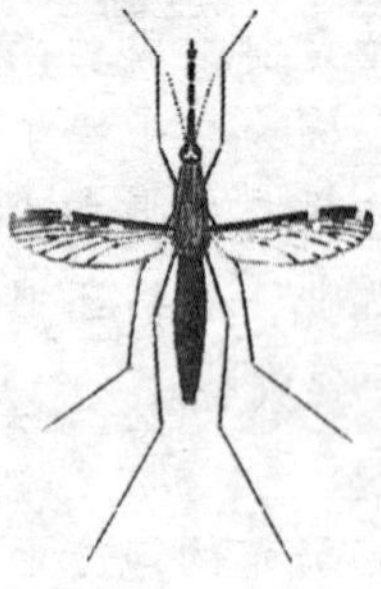

图1　按蚊

图2　库蚊

图3　伊蚊

蚊虫生于积水中，如污水沟、粪坑、洼地积水、荷塘、沼泽、水缸和罐等。蚊子通过吸血传播疾病，它们中只有雌蚊才吸血，供其卵巢发育，繁殖后代。雌蚊一般在10°C以上开始吸血。吸血时寻找人或动物的氨基酸气味，尤其是婴儿或皮肤细嫩者。

吸血时蚊子可将疟原虫、丝状蚴、乙脑病毒等涎液注入人体内，使人感染发病。因此，蚊子不但叮人吸血影响到我们的睡眠，还会传播乙型脑炎、疟疾、登革热、血丝虫病，并可传播人畜共患病。被蚊子叮咬后得了传染病有多严重呢？

根据我们的调查，登革热几乎每年都在世界范围内出现。登革热曾在泰国等一些东南亚国家和地区爆发流行。由于2001年肆虐的是登革热的新变种，人体的免疫系统还无法产生免疫力，因而疫情异常严重。很多感染者初时都察觉不出自己已感染登革热，未及时求医，结果在发病初期轻微的发热过后，其病情便急转直下，因快速失血休克而死。

2. 结合生活中的观察，找出蚊子喜欢叮咬的对象。

蚊子喜欢在隐蔽、阴暗和通风不好的地方栖息，如床下、墙缝以及地下室、草丛等处。它们喜欢随气流而动，黄昏时，地面把白天吸收的热量散发出来，地面附近上升的气流使蚊子更易飞行，这时蚊子最活跃。

科学家研究发现，蚊子是通过触角上的感觉毛感受到二氧化碳气体来发现人的。当它感觉毛上的二氧化碳感受器接收到空气中某些地方有二氧化碳气流时，便会向这股气流飞去，并落在人体的皮肤上。实验证明，在离人体15米远的地方，蚊子的感受器就能探测到二氧化碳气体。可见蚊子是靠二氧化碳气体找到人的，而不是靠体温，因为人呼出热气最多的地方——嘴、鼻很少有蚊子叮咬。

那么蚊子下毒手的对象是哪些人呢？研究发现，蚊子喜欢叮咬的有以下七种人：

(1) 汗腺发达的人;

(2) 体温较高的人;

(3) 穿深色衣服的人;

(4) 化妆的人;

(5) 孕妇;

(6) 运动量较大的人;

(7) 喝酒的人。

另外，蚊子还喜欢肤色黑或红发的人。综合以上，我们就可以解释上次我们在学校操场举行大课间活动的时候，出现成群的蚊子围绕着有以上特征的人飞旋的现象。

3. 寻找防蚊的小技巧。

根据以上观点，我们通过网络、书籍和报纸查找数据，从而总结出以下防蚊的妙招，并付诸实践，取得了一定的效果。

(1) 家庭防蚊、灭蚊的方法:

①用蚊香。如再滴上几滴风油精，驱蚊效果更好，一般可维持6~8 小时（如图4)。也可以使用液体电蚊香持续加热释放杀虫剂，这种方法较方便，但气味不好。

②安装灭蚊窗纱且挂上蚊帐。如此不仅能避蚊，还可以吸附尘埃，过滤空气。

③在家摆放既能改善家庭环境又能驱赶蚊虫的驱蚊花草。例如熏衣草、猪笼草、天竺葵、七里香、菊花等（如图5、图6)。

④用瓶诱灭蚊法。取广口瓶，内装少许浓糖或啤酒，轻轻摇晃，使瓶内壁沾上糖液或酒液，放在室内蚊子较多的地方，蚊子闻到糖味，就会往瓶内飞，继而被粘住或淹死（如图7)。

⑤进行饮食调理，适当改变体质，使身体所排出的汗液酸性浓度降低。平时可多吃一些大蒜和含维生素B较多的食物，如糙米、豆类、干果、硬果、花生仁、水果、绿色蔬菜、奶类、河鲜、海鲜以及动物的肝、肾、脑、瘦肉等。

⑥每晚睡觉前将吸尘器对准床底、屋角等蚊子容易聚集之处

吸尘，可将大部分蚊子吸入吸尘器内。

⑦橘红玻璃纸驱蚊法。用透光性强的橘红玻璃纸套在60瓦的灯泡上，蚊子会四处逃散。

⑧注意个人卫生，适时冲洗身体，保持肌肤清洁，夏天洗澡最好少用香皂。一般来说，蚊子喜食花蜜露，因此，使用带花香味的物品后，被蚊子叮咬的概率会上升。

图4　蚊香的使用

图5　盛开的菊花

图6　薰衣草

图7　瓶诱灭蚊法

图8　薄荷叶

（2）野外和公共场所的防蚊方法：

①使用防蚊液或者驱蚊花露水。

②在院里放一个盆，盆里放上用香皂与洗衣粉制成的肥皂水，可以引诱蚊子在水里产卵，因为碱性的环境不适宜蚊虫生存。

③穿黄色、白色等浅色衣服可以降低被蚊子叮咬的几率。

④用适量薄荷叶（如图8）或西红柿的叶，揉出汁并涂于人体裸露的皮肤上，可以防止蚊子叮咬。晒干的残茶叶和橘子皮等则可以熏跑蚊子。

4. 查找正确处理被蚊子叮咬后的伤口的办法。

一般人被蚊子叮咬后，会出现红肿、痒、痛等症状，这时千万不要马上挠。因为会越抓越痒，且抓挠后，皮肤会肿成一个包，不易消退。我们可用碱性物质进行缓解，如氨水，也可将香皂蘸水涂抹在红肿处；如叮咬处很痒，可先用手指弹一弹，再涂上花露水、风油精等；可以用盐水涂抹或冲泡痒处，也可用芦荟叶汁止痒，这样能使肿块软化，有效消肿止痒；如真的太痒，亦可用自己的微碱性口水，涂抹在蚊虫叮咬处，亦能止痒。

（五）研究结论

蚊子把病毒传染给人类和动物，威胁到我们的生命。我们通过调查、了解、分析蚊子的习性，可以有针对性地用简单易行的方法预防蚊子叮咬，如到野外不穿深色衣服，注意家庭和课室的卫生，选用物理、化学、生物等多方面的方法防蚊、灭蚊。

（六）心得体会

这次我们做研究性学习，主要通过网络、图书馆查找数据。整个过程中，我们遇到不少困难，得到很多人的帮助，学习到很多经验和技术：例如懂得了如何具体分析一件事，其中该采取怎样的步骤，培养了全面考虑问题的能力与坚持不懈和吃苦耐劳的精神；对蚊子的习性和预防有了更多的了解。

整个过程中我们也遇到了不少困难：在研究开始时，我们分工不够明确，以致大家懒懒散散，不够积极；整理分析数据时头绪难找，导致研究进度缓慢，后来在老师的指导下终于完成学习任务。

【点评】

该课题虽然是日常生活中的一个小问题，却有着应用性广泛的社会背景。蚊子叮咬是干扰人们日常生活的一个比较烦恼的问题，它的出现不仅影响人们的工作、学习和休息，甚至严重威胁人类的生命健康。同学们能从实际生活出发，并设计成具有现实可行的研究性学习课题，具有一定的研究意义。

同学们的研究步骤条理清晰，分工明确，收集资料范围广泛。从了解蚊子的生活习性——蚊子叮咬的对象——防蚊的小技巧——正确处理被蚊子叮咬后的伤口，整个过程符合人们认识事物所遵循的客观规律，所以确保了本课题研究的顺利进行。

另外，同学们在研究课题的过程中创造性地对一些实际问题做出相应的实验，如瓶诱灭蚊法。不过，如果能在课题结题报告中补充一些实验操作中的数据，实验结果会更清晰明了。

二、驱动元认知监控的“准学术研究型”研究性学习

驱动元认知监控的“准学术研究型”研究性学习，是一种建构—合作学习，适合认知类知识中“原理知识”的学习，是发展拓展性学力最为有效的学生小组学习。

建构—合作学习，是以建构主义学习理论为指导、以小组合作为组织形式、以学生合作为主要活动、以培养实践能力和创新意识为目的的“再发现”式学习方式。生物学科作为一门自然科学的基础学科，有着完整的学科体系，前人已积累了丰富的元认知知识，如生物学科特点、实验方法、学习方法、思维方法等。这是元认知知识的主体。在“建构—合作准学术研究型”学习活动中，学生在教师的指导下，采取小组合作学习的形式，以类似科学研究的方式去获取知识、应用知识、解决问题，能让学生掌握元认知知识，驱动元认知监控，积极监测、主动调控自己的认知活动，灵活地选择学习策略，合理地运用学习方法，从而取得学习的成功。

开展研究性学习，学生获得知识的渠道不再仅仅限于书本，日常生活、生产中的一些疑问常常会引起学生探索知识的欲望，

成为学生研究性学习课题的重要来源。此类研究的基本操作程序为：发现并提出问题→提出设想→设计方案→实施研究→得出成果→撰写报告。

【研究性学习案例】

中药乎？饮料乎？——广东凉茶文化与发展现状的调查研究

一、提出课题

广州民间有云："烧鹅、荔枝、凉茶铺"。在广州，无论新旧城区，大街小巷都能见到凉茶的店铺。广州的凉茶历史悠久，种类繁多。在国务院所批准的首批518个国家非物质文化遗产名录里面，广东、香港和澳门联合申报的凉茶也在其中。凉茶饮料的产销量从2006年开始，已经超过可口可乐在中国大陆的产销量；2007年凉茶饮料行销全球；2008年凉茶饮料的产销量更超过可口可乐在中国大陆产销量的3倍，并遍及港澳地区，远销东南亚、欧美等地。凉茶在民间广泛流传和被大众所公认等诸多的因素令我们不禁对凉茶产生了研究的兴趣。尤其是在产业高速发展的今天，作为中华饮食文化的组成部分，保护和发扬凉茶文化具有一定的现实意义。但前段时间，据报道，王老吉含有食品中不允许添加的中药成分，给游走在中药和饮料之间的凉茶的发展蒙上了一层阴影。究竟凉茶的发展前景如何，带着这种疑问，我们开始了对这一国家级非物质文化遗产的研究。

二、研究目的

(1) 了解凉茶文化及其发展现状；

(2) 了解多种凉茶成分及其对健康的好处；

(3) 了解人们对凉茶的看法；

(4) 探讨凉茶的发展趋势。

三、小组分工

成员姓名	主要工作
李珊	统筹小组工作，撰写研究报告
袁子盈	购买中草药，协助完成研究报告
孙礼强	整理、分析数据，查找资料
邹健峰	设计调查问卷

四、研究计划

第一周	确定课题、成员分工
第二周	收集资料
第三周	参观访问各家凉茶铺
第四周	超市市场调查
第五周	问卷调查
第六周	处理数据
第七、八周	分析总结、撰写报告

五、研究成果

(一) 为什么大家喜欢喝凉茶?

在中国，凉茶源于广东，有 1 700 多年的历史。公元 306 年，东晋道学医药家葛洪来到岭南，由于当时瘴疠盛行，他悉心研究岭南各种温病的医药。葛洪所遗下的医学专著以及后世岭南温派医家总结的劳动人民长期防治疾病过程中的丰富经验，形成了岭南底蕴深厚的凉茶文化，其配方、术语世代相传。关于凉茶的历史典故、民间传说在岭南和海外广为流传，经久不衰。最早有记载的广东凉茶是鹤山人王泽邦创于清朝道光年间、拥有180多年历史的王老吉凉茶。

对于广东人来说，“生命源于水，健康源于凉茶”。那为什么大家都喜欢喝凉茶呢？我们从多个角度查找了资料，发现很多原因。首先和广东的气候有关。广东地处南亚热带，属南亚热带典型的季风海洋气候。由于背山面海，海洋性气候的特征特别显著，温暖多雨、光热充足、温差较小、夏季长、霜期短等。五岭逶迤，如一道天然屏障，将来自南海和印度洋的暖湿气流拦截在珠三角上空，故珠三角一带气候温暖潮湿，广州则“地气湿热”，久居容易“上火”。在古代，岭南地区被认为炎热潮湿，瘴气横行。其次广东人爱吃煎炒燥热之物和习惯晚睡的生活特征，导致人们容易上火。最后，中国长远的中医药文化使人们习惯运用各种植物制成的中草药治病，并形成一种天然的信任感。饮用凉茶是两广人民长期同大自然作斗争总结而来的一种护身法宝。据有关医药专家介绍，凉茶凉而不寒，清热而不伤脾胃，对肝肾没有毒性，四季皆宜，无病时可防病，有病时能治病，“秋冬防秋燥、春夏去暑湿”。根据我们小组的调查问卷，75%以上的被访者经常饮用凉茶。其主要原因是下火、预防感冒。

（二）什么是凉茶？

大家都喝凉茶，但到底凉茶是什么？不同凉茶的成分都一样吗？带着这些疑问，我们询问了身边的一些朋友，发现大家对这个问题并不清楚。但我们平常究竟喝了什么到肚子里呢？我们又访问了一些凉茶店，但店员不愿意把凉茶的成分公布出来，可能是怕泄露商业秘密。然而我们发现超市内包装的凉茶饮料上都印上了成分表，加上我们在网上收集到的资料，把凉茶的主要成分整理成下表。从表中可以看出，不同凉茶的成分差异很大，能够加入凉茶的中药有20多种。而加入中药的基本上是为了清热、去毒、利尿、消渴。其中金银花、菊花、板蓝根是各种凉茶的主要成分。我们在百度百科中查找到凉茶的定义："所谓凉茶，是指将药性寒凉和能消解人体内热的中草药煎水做饮料喝，以消除夏季人体内的暑气，或治疗冬日干燥引起的喉咙疼痛等疾患。制作凉茶所使用的草药能有效去除人体内的毒素，起到提高人体免疫能力、抗御细菌与病毒的感染、平衡阴阳、柔润肌肤的作用。除了清热解毒外，凉茶还可去湿生津、清火、明目、散结、消肿等，还可治目赤头痛、头晕耳鸣、疔疮肿毒和高血压。夏天时它完全可以当清凉饮料饮用。"

各种凉茶产品中药成分清单

药品名称	功效	王老吉	夏桑菊	邓老凉茶	清开灵	金银花茶	黄振龙
凉粉草	清暑，解渴，除热毒。治中暑，消渴，高血压，肌肉、关节疼痛。是凉粉的主要配料之一。	√					
菊花	散风清热，清肝明目。用于风热感冒，头痛眩晕，目赤肿痛，眼目昏花。有镇静、解热的作用。		√	√		√	
金银花	抗菌及抗病毒，增强免疫，抗炎，解热。			√	√	√	
甘草	补脾益气，清热解毒，祛痰止咳，缓急止痛，调和诸药。用于脾胃虚弱，倦怠乏力，心悸气短，咳嗽痰多，脘腹、四肢挛急疼痛，痈肿疮毒，缓解药物毒性、烈性。						
仙草	消暑，解渴，除热毒，利尿。						

（续上表）

药品名称	功效	王老吉	夏桑菊	邓老凉茶	清开灵	金银花茶	黄振龙
鸡蛋花	清热，利湿，解暑，主治感冒发热、肺热咳嗽、湿热黄疸、泄泻痢疾、尿路结石，预防中暑。						
布渣叶	清热消滞，利湿退黄，化痰。主要用于感冒，中暑，食欲不振，消化不良，湿热食滞之脘腹痛，食少泄泻，湿热黄疸。	√					
夏枯草	降低血压，可应用于高血压症。辛，苦寒，入肝胆经，可清肝火、散结消瘰，治肝火上升引发的头痛、头晕、眼痛及瘰疬（老鼠疮）等症。		√				
木棉花	清热，利湿，解毒，止血。主治泄泻、痢疾、咳血、吐血、血崩、金疮出血、疮毒、湿疹。						
桑叶	疏散风热，清肺润燥，清肝明目。用于风热感冒，肺热燥咳，头晕头痛，目赤昏花。		√				
淡竹叶	清热除烦，利尿。用于热病烦渴、小便赤涩淋痛、口舌生疮。	√					
鲜白茅根	凉血，止血，清热，利尿。治热病烦渴，吐血，衄血，肺热喘急，胃热哕逆，淋病，小便不利，水肿，黄疸。						

（续上表）

药品名称	功效	王老吉	夏桑菊	邓老凉茶	清开灵	金银花茶	黄振龙
黄芩	清热燥湿，泻火解毒，止血，安胎。用于湿温、暑温，胸闷呕恶，湿热痞满，泻痢，黄疸，肺热咳嗽，高热烦渴，血热吐衄，痈肿疮毒，胎动不安。				√		
黄柏	性味若寒，清热解毒，清热燥湿。主治湿热痢疾、泄泻、黄疸，梦遗、淋浊、带下，骨蒸劳热，以及口舌生疮，目赤肿痛，痈疽疮毒，皮肤湿疹。黄柏与黄连同样含较多的小檗碱，故其药理作用大体相似。						
黄连	清热燥湿，泻火解毒。用于湿热痞满，呕吐吞酸，泻痢，黄疸，高热神昏，心火亢盛，心烦不寐，血热吐衄，目赤，牙痛，消渴，痈肿疔疮；外治湿疹，湿疮，耳道流脓。酒黄连善清上焦火热，用于目赤、口疮。姜黄连清胃和胃止呕，用于寒热互结、湿热中阻、痞满呕吐。萸黄连舒肝和胃止呕，用于肝胃不和、呕吐吞酸。						
田基黄	消炎解毒，对急性黄疸型和非黄疸型肝炎、迁延性和慢性肝炎等疾患均有较显著的疗效。						

（续上表）

药品名称	功效	王老吉	夏桑菊	邓老凉茶	清开灵	金银花茶	黄振龙
孩儿草	积滞，泻肝火，清湿热。主治小儿食积，目赤肿痛，湿热泻痢，肝炎，瘰疬痈肿，毒蛇咬伤。						
独脚金	清热，消积。用于疳积，夏季热，腹泻，黄疸型肝炎。						
车前草	清热利尿，凉血，解毒。主治热结膀胱，小便不利，淋浊带下，暑湿泻痢，衄血，尿血，肝热目赤，咽喉肿痛，痈肿疮毒。						
山芝麻	清热解毒。主治感冒发热，肺热咳嗽，咽喉肿痛，麻疹，痄腮，肠炎，痢疾，痈肿，瘰疮，毒蛇咬伤。	√				√	
蒲公英	清热解毒，可用于热毒症，尤善清肝热，治疗肝热目赤肿痛，以及多种感染、化脓性疾病。消痈散结，可治疗热毒壅结于肌肉所致的痈肿疮毒，高热不退。对乳痈有良效，能解毒散结通乳，可内服或外敷，常与金银花等同用。另外还可配大黄、丹皮治疗肠痈。			√			√
霜桑叶	疏散风热，清肺润燥，平肝明目。用于风热感冒，肺热燥咳，头晕头痛，目赤昏花。		√	√			

（续上表）

药品名称	功效	王老吉	夏桑菊	邓老凉茶	清开灵	金银花茶	黄振龙
板蓝根	清热，解毒，凉血。			√	√		
栀子	泻火除烦，清热利尿，凉血解毒。				√		
水牛角	强心、镇静、抗惊厥、抗炎、抗感染和止血，还可兴奋垂体肾上腺皮质系统，近年用于治疗热病昏迷、乙脑等病收到一定效果。				√		
动物胆酸	镇痛。				√		
珍珠层粉	安神，清热，解毒。用于神经衰弱，咽炎，外治口舌肿痛。				√		
槐花	润肠通便，润肺止咳，消炎、止痛、止血、减轻水肿、促进伤口愈合。						
葛花	解酒止渴。用于酒醉烦渴，解酒醒脾。治伤酒发热烦渴，不思饮食，呕逆吐酸，吐血，肠风下血。						
桔梗	宣肺，祛痰，利咽，排脓。						
葛根	升阳解肌，透疹止泻，除烦止渴。治伤寒，温热头痛，烦热消渴，泄泻，痢疾，癍疹不透，高血压，心绞痛，耳聋。						√

（三）凉茶的发展现状

我们小组走访了多家凉茶铺和超市，访问了 100 多位市民，了解到一些凉茶发展的现状和市民的看法。

1. 凉茶铺仍然是凉茶文化的基地

凉茶铺多过米铺是广州街头的一道风景。据统计，目前在广州，黄振龙店有400 多家，王老吉店有300 多家，其他中等规模的凉茶店如平安堂、金葫芦等也各有店铺近百间。人们喜欢到这些凉茶铺喝上一杯。广东的凉茶铺不仅包括连锁的凉茶铺，很多传统凉茶店也在默默地坚持经营，例如南华西一间用传统瓦煲炉煤煎焗的林氏凉茶铺。它拥有8 个大煤炉和20 多个瓦煲。买凉茶时，店主林阿姨会先让客人伸出舌头，看客人是热气还是湿毒，再根据其症状调配出合适的独家凉茶。令人佩服的是，这些凉茶全部出自林阿姨的女儿之手。她年纪虽小，知道的凉茶知识可不少。人们经常说“喝碗凉茶”，但是现在，哪里还有以碗出售的凉茶呢？在洪德路木偶戏院对面的耕田公凉茶铺就能找到用青花瓷碗装的凉茶，其凉茶日卖三百多碗。耕田公凉茶碗碗真功夫，店里的凉茶要提前一晚用煤炉煲足3 个小时，还要熄火加盖焗一个晚上，这样凉茶味才够浓。虽然主料江海根涨价了，但耕田公的凉茶还是1.5 ~2 元一碗，所以不少老顾客都感叹道“这种凉茶在广州已经很难找了。”

2. 凉茶悄然占领超市

我们小组还走访了多家超市和便利店，发现凉茶的品种非常多，除了传统的王老吉、夏桑菊、清凉茶之外，还有菊花蜂蜜茶、柑橘清润茶等经改良的凉茶饮料，占据了饮料架约 1/4 的空间。据了解，目前广东省凉茶业拥有 30 多条生产线，年生产能力达到 100 万吨，产品销往国内各地、港澳地区和东南亚各国。潜力巨大的凉茶市场吸引了世界饮料巨头可口可乐公司的加盟。可口可乐买下广东中山一家凉茶厂，并已将其生产的凉茶在香港市场销售。该公司驻香港的负责人三次与广东省凉茶行业协会联系，积极要求参与广东省凉茶行业正在推进的凉茶标准制定工作。专家预测，按照凉茶目前的发展势头以及可口可乐无法相比的健身功效，三年内，凉茶的年产量将超过可口可乐在中国大陆的年产量，年销售收入有望达到100亿元。

我们设计的调查问卷内容及调查结果如下：

广州凉茶文化知多少

1. 请问平时有喝凉茶的习惯吗？

A. 经常（45%）　　B. 有时（24%）

C. 很少（13%）　　D. 几乎没有（18%）

2. 平时买凉茶你会选择到什么凉茶铺购买呢？

A. 黄振龙（67%）　　B. 平安堂（24%）

C. 悦庆堂（5%）　　D. 清心堂（4%）

3. 你平常喝得比较多的凉茶是什么？

A. 斑沙（36%）　　B. 适感茶（29%）

C. 罗汉果茶（20%）　　D. 菊花茶（15%）

4. 你喝凉茶的时候会留意其药材吗？

A. 每次都会（18%）　　B. 偶尔看下（16%）

C. 感兴趣就看（51%）　　D. 从不留意（15%）

5. 你觉得喝哪种凉茶的效果最明显？

A. 斑沙（77%）　　B. 适感茶（16%）

C. 罗汉果茶（5%）　　D. 菊花茶（2%）

6. 你选择喝凉茶的原因是什么？

A. 想喝（25%）　　B. 有效果（46%）

C. 习惯习俗（22%）　　D. 自讨苦吃（7%）

7. 请问你在家时父母会煲凉茶吗？

A. 经常（27%）　　B. 有时（39%）

C. 很少（24%）　　D. 几乎没有（10%）

8. 你觉得苦的凉茶比其他味道的凉茶更有效果吗？

A. 是的（65%）　B. 差不多（21%）

C. 一般（8%）　D. 不是（6%）

9. 大约多久会买一次凉茶来喝呢？

A. 一天（12%）　B. 一个星期（46%）

C. 一个月（29%）　D. 有需要的时候就喝（13%）

10. 你对广州的凉茶文化有大概的了解吗？

A. 非常了解（6%）　B. 略知一二（47%）

C. 半知不解（26%）　D. 一窍不通（21%）

这次我们随机调查了广州市的100位市民，当中包括学生、上班族、老年人，每个人都积极参与了我们的调查。我代表育才中学高一（8）班中草药学习研究小组向这100位朋友表示感谢。

通过这次调查问卷上的数据结果可以得知，广州市民普遍有经常喝凉茶的习惯，大多数人喜欢到较为常见的黄振龙店购买凉茶，也有少数人选择了其他凉茶铺。众多凉茶中，斑沙最受欢迎，多数人认为是苦口良药。但是广州的大多数市民买凉茶的时候都不留意凉茶的配料，也有部分人会在偶尔感兴趣的时候留意一下。市民家中父母通常会煲凉茶，因为更加真材实料。总体来说，许许多多的广州人很关注广东凉茶文化的发展。

总体来说，广州本地大部分人会选择到凉茶店购买凉茶，而超市中凉茶饮料的销售也节节上升，而且年青一代中愿意到超市购买凉茶饮料的人越来越多。

（四）凉茶是药还是饮料？

在我们的调查中，35%的被访者认为凉茶是中药，15%的被访者认为是饮料，50%则认为是两者皆有之。有趣的是，在凉茶铺里被调查的绝大多数人认为凉茶是中药，他是觉得身体不舒服才去喝凉茶的。这证明了长期以来，凉茶是作为辅助药物流传下来的。从凉茶发展的历史中，我们看到，以前买凉茶的人多数是穷苦的体力劳动者，“大病看医生，小病喝凉茶”是他们省钱的最佳办法。

“是药三分毒”，凉茶中不少成分并不适合所有的人，例如雷公根：苦、辛、寒，清热利湿，消肿解毒，虚寒者不宜内服；茅根：甘、寒，清热利尿，凉血止血，脾胃虚寒、溲多不渴者忌服；一点红：苦、凉、有小毒，清解湿毒，凉血利水，孕妇慎服；淡竹叶：甘、淡、寒，清热除烦，生津止渴，利尿祛湿，孕妇勿服。

我们还发现大部分人在喝凉茶的时候“一问三不知”，不知道自己适不适合喝凉茶，不知道哪种凉茶适合自己，也不知道凉茶的成分。

大多数消费者对凉茶的认识有误区，他们不论哪里不舒服均归咎于上火，认为凉茶能医百病，无病服之也能防病，甚至把凉茶作为日常生活中必不可少的保健药。其实，这种做法是极不科学的。即使是在炎热的夏季，也有一部分人不适合喝凉茶。

（1）阳虚体质的人：现代人阳虚体质者居多，许多人终日坐在办公室里，面对电脑，体力劳动强度减小和户外活动减少，阳气的推动功能得不到锻炼；此外，空调的使用使夏季对人体的季节性影响不如过去那么明显，造成人体内阳气随季节变化而变得不足。因此，许多人的体质偏于阳虚，无法承受寒凉物质的过度刺激。经常有一些办公室白领出现怕冷、四肢发凉、面色苍白、大便稀、小便清长的情况，其需要检查一下是不是凉茶喝得过多了。

（2）脾胃虚弱的人：这类人脾胃阳气的推动运化功能较弱，食物摄入较少，因而抵抗力也相对较低。夏季里他们汗液分泌较多，而中医认为，汗为人体的“阳液”，出汗过多，阳气会随着汗液外泄。如果此时再服用苦寒的凉茶，就会伤到脾胃，使本来虚弱的脾胃更加虚弱。正气受损，不但会加重苦夏的症状，也会因为免疫力降低导致许多其他疾病。

(3) 月经期和产褥期的女性：经脉的温煦是保持脉道畅通、防止淤血阻滞的关键。女性月经期和产后身体极为虚弱，对冷热的刺激极为敏感。如果由于天气热而不加节制地饮用凉茶，虽然可以感受到胃内一时的凉爽，但这些药物经吸收进入血液后，寒凉的刺激就会使血流滞涩缓慢，甚至形成淤血，引起痛经、月经不调、经量减少等情况，严重的还可能引发大出血、闭经。

(4) 儿童和老年人：儿童是纯阳之体，特别容易上火，但喝凉茶并不是预防孩子上火的好办法。因为儿童的脾胃调节功能尚处在建立和完善的阶段，对外来药物的寒凉刺激无法及时调整和适应，反而会因为药物直接作用于脾胃而影响消化吸收，出现腹痛、腹泻。老年人由于阳气渐弱，器官功能衰退，同样会因为凉茶的刺激而出现消化系统病变以及阳气大损等一系列症状。

去年，中国疾控中心营养与食品安全所常务副所长严卫星表示，王老吉中部分成分和原料不包括在卫生部已经公布的允许食用的中药材名单之列，引起轩然大波。虽然其中一部分原因是凉茶这种产品的特殊性，但也反映出凉茶在生产中缺乏一个明确的健康标准。而且由于过分强调凉茶的药效，一些不良商人悄悄在凉茶中添加西药成分，这对于人体的危害更大。

六、对广东凉茶的建议

经过几周的调查，我们对凉茶总算有了初步的认识。几个组员在研究中都有一种感觉，凉茶要走向世界就要向可口可乐学习，转变为一种健康饮料。原因如下：

(1) 药物需要严格的控制和监管，强调凉茶的药效，就需要很好地对凉茶进行监管，这很难做到。

(2) 凉茶中某些成分不一定适合某些人群的需要，人们限于知识水平，难以挑选适合的凉茶。

(3) 把凉茶作为一种适合大众的健康饮料更能适应现代潮流，易于推广。

因此，我们有以下的建议：

(1) 把凉茶纳入国家食品标准的范围，改良凉茶配方，剔除、更换不适合的成分，制成适合大众的饮料。

(2) 凉茶铺出售的凉茶必须标明使用的药材成分，注明禁忌人群。

现在街上的凉茶铺大部分是连锁式经营的，有着浓厚广州特色的旧式凉茶铺已越来越少，它们正渐渐淡出历史舞台。我们常见的连锁式凉茶铺已将凉茶变得速食化，虽然使凉茶变得方便且随处可见，但却失去了原来凉茶应有的味道，远远不及旧式凉茶铺蕴涵着的浓厚的岭南特色。

但时代总是在不断地发展着，适应时代的发展才能有效地传承并获得新生，期待我们的广东凉茶走遍世界的每一个角落。

【点评】

广东凉茶的研究不算是一个新颖的课题，许多学校曾有过相关的研究。但以往的研究多集中在研究凉茶的历史文化背景，而本研究课题的学生能够抓住目前的社会热点问题“凉茶的成分是否超标?”进行深入的探索研究，敢于对凉茶产业的发展方向提出自己的见解，非常值得肯定。

三、优化元认知技能的“创新研究型”研究性学习

优化元认知技能的“创新研究型”研究性学习，是一种自主—合作学习，适合意会类知识中“技能知识”和“人力知识”的学习。这种类型在研究性学习中属于最高层次，能有效解决“怎样做得更好”的问题，是发展研究性学力最为重要的手段。

自主—合作学习，是将自主学习中学生自主探索的特征与合作学习中学生积极互动的优点相结合的一种合作性学习方式。对任何一种形式的合作学习来说，有五个共同的基本要素是不可缺少的：一是积极的相互依赖，使小组成员确信他们同舟共济；二是面对面的交互作用，确保小组成员能直接交流；三是小组内个

体有各自的责任；四是合作技能，即与他人在小组中协同学习所需要的组织能力、交流能力、协同能力、相互尊重的态度等；五是集体自加工，小组成员采取自我检查或反馈的方式考查集体的学习进行得如何，并提出改进措施。开展自主—合作的研究性学习时，小组的交流、合作技能尤为重要。

在人的认知结构中，元认知处于支配地位。教育心理学研究成果表明，学习能力强的学生在有关学习的元认知方面发展水平较高，他们有丰富的元认知知识，并善于通过这种知识监控自己的学习过程，灵活运用各种策略，迅捷有效地达到学习目标。因此，要使每位学生很好地完成自己承担的探索任务，使异质研究性学习小组的合作交流富有成效、成果具创造性，其关键在于教师对学生掌握元认知知识的引导、学生发展元认知能力的培养。在教师有效指导下的学生自主—合作学习，就能实现上述目标。其基本操作程序为：发现问题→提出设想→收集资料→设计方案→制作研究→得出成果→试用调查→反馈修正→成果展示→撰写报告。

【研究性学习案例】

适合高位截瘫人士使用的鼠标设计与制作

一、课题背景

网上流传着一个感人的故事：小女孩田甜从小的梦想是成为舞蹈家。可是12岁那年，遭遇歹徒入室抢劫，她失去了母亲，自己的脖子上也被划了两刀。醒来后，除了头能动以外，她脖子以下的身体部位永远失去了知觉。田甜的人生从此陷入黑暗，但她没有对命运屈服。小田甜开始学着用嘴叼筷子控制电脑。一天晚上喂饭时，继母发现田甜的嘴肿了，原来是练习击键时，咬烂了的筷子木刺扎进了她的口腔。为了练习用电脑，田甜已咬烂了十几双筷子了！功夫不负有心人，她的flash作品《没有爱的地方没有天堂》等在全国大赛中获奖。其后，她成为中央电视台《快乐驿站》栏目的合作伙伴，制作了近百部相声小品动画，被评为全国自强模范、中国十大闪客之一。田甜的事迹感动了我们。我们忽然想起，在广州市图书馆电子阅览室翻阅电子材料书时，无意中发现的一个专门为特殊群体准备的房间——障碍人士电子阅览室。当我们走进里面，第一眼就看到了：障碍人士电子阅览室坐着不少有视力障碍或者肢体障碍的病患者；每个患者的身边都会有一个志愿者帮助他们操作电脑。看着这些无法自主操控者无奈痛苦的表情，我们萌发了帮助他们解决困难的念头。到底怎样才能使这类患者拥有自主操控电脑的能力呢？

二、研究目的

我们计划研究一种简便的能够被高位截瘫人士使用的鼠标，让他们也能享受信息时代的快乐。

三、小组分工

收集资料：张焯森

材料采购：张焯森

图纸设计：陈嘉翌

鼠标制作：张焯森、王胤卓

论文编写：王胤卓

四、研究计划

1. 先对现在市面上所有的残疾人专用鼠标进行一次调查，并且作比较；

2. 制定我们制作鼠标的方向和所达目标；

3. 制作鼠标；

4. 成品完成后于社区做调查，并收集反馈。

五、研究过程

（一）收集资料

我们在网上搜索了市面上为残疾人设计的鼠标资料并作出以

下总结：

1. 拖鞋鼠标

拖鞋鼠标是一款专为残障人士设计的无线鼠标，外形设计取材于鲸鱼和摩托艇，具有网络快速冲浪的寓意。这款设计根据人体工程学原理，充分发挥了脚趾间的抓地力，可以通过脚趾控制鼠标，如同穿了夹脚的拖鞋一样。鼠标左侧下方的大脚趾和第二个脚趾上分别有传感器，可通过正确的点击实现对鼠标的控制。

2. 头部控制的鼠标

头部控制的鼠标是通过转动头部来操作的。当用户采用它来控制系统时，要先把一个“反射点”贴在前额，然后把鼠标放在显示屏上方，微微移动自己的头就行了。

它的原理与手势遥控器类似，可以自动追踪使用者头部的动作，并进行相应的鼠标操作。有了这样的设备，残疾人就可以更方便地使用电脑。

3. 脑电波鼠标

奥地利一家公司推出了全球第一款商品化脑电波控制产品软件。使用者通过佩戴在头部的操作帽子向软件输入命令，从而让电脑处理相应事务。这项经过多年研究的技术软件已经能够识别脑电波对键盘和鼠标的控制指令，且支持安装在Windows电脑系统和移动系统上。该公司将这一产品向市场推出后，一定会给残疾人的电脑操作带来重大影响。同时，OC3D表示，NIA是一款突破性的产品，但是要完全掌握它的习性，替代我们业已习惯了多年的键盘鼠标还需要使用者的不断练习。

4. 隐形眼镜鼠标

Eye contact鼠标的设计初衷是为一些残疾人而定制的，有了它以后可以不用手来操作电脑。它的使用方法非常简单，通过把

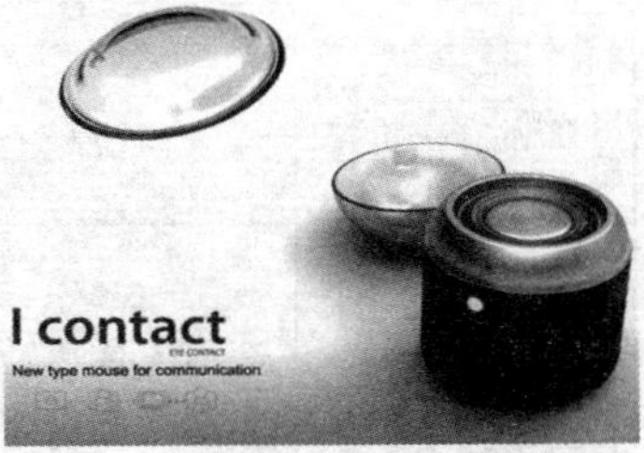

一种能够跟踪眼球转动方向的传感器装入隐形眼镜中，使用者佩戴后可以将其信号通过无线电技术传输给外接设备，再经过一系列的处理反映在电脑屏幕之上。这样一来就能够实现使用者看到哪里，鼠标就点到哪里。但其中也存在少许问题，那就是鼠标的确认是通过眨眼来实现的，难免会有操作失误的情况发生。

5. 鼻子眼睛控制鼠标

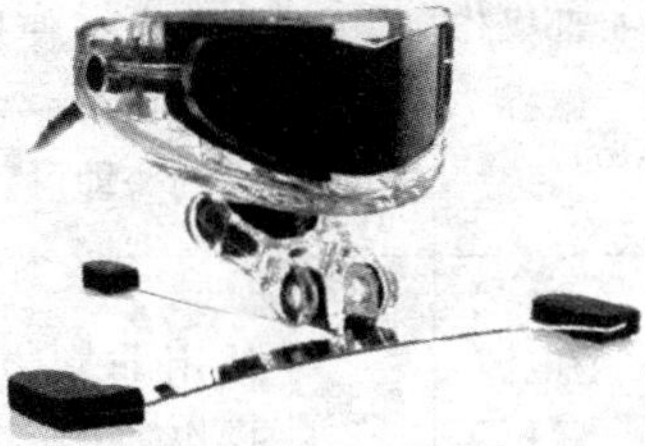

加拿大渥太华信息技术学院的研究员开发出一种新型计算机导航系统，它借助使用者鼻子的动作来控制鼠标光标。之所以用鼻子是因为它比其他面部器官更易于追踪。为了精确定位，眨左眼或眨右眼相当于点击鼠标左右键的动作。该技术必须跟网络摄影机一起运作，插入单一的USB孔中。开始操作之前，网络摄影机会将用户的脸部照片拍摄下来，并聚焦于鼻尖，以此作为基准点。随着头部的晃动，该技术将鼻子的运动轨迹和光标运动相匹配。与此同时，动作监测软件则监视着眼睛的眨动，连续眨动两下代表双击。

电脑外设的分析家对该发明前景看法不一。纽约Jupiter研究机构分析师Joe Laszlo表示：“这样人们就得小心翼翼注意鼻子的一举一动，在操作时非常滑稽可笑。”

综上所述，我们可以将以上鼠标总结成如下表格：

各种鼠标的优劣比较				
产品	价格	优点	缺点	是否适合高位截瘫者使用
拖鞋鼠标	较贵	运用人体工程学原理，像穿了夹脚的拖鞋一样。	高截患者无法使用，而且在实际使用过程中，使用者容易踩错左右键。	不适合。
头部操作鼠标	较贵	通过转动头部实现操作，使用者只需微微移动自己的头即可。	定位不够准确，长时间使用比较累，左右键控制麻烦。	高截患者头部转动不灵敏，使得其使用较为困难。
脑电波鼠标	昂贵	使用非常方便，操作简单。	价格较高，技术还不成熟，控制困难。	原理上很适合，但目前技术上还不成熟。
隐形眼镜鼠标	昂贵	使用简单。	容易错误操作，价格昂贵。	原理上适合，但目前技术上还不成熟。
鼻子眼睛控制鼠标	便宜	价格很便宜，使用方便。	定位不够准确，长时间使用比较累，左右键控制麻烦。	高截患者头部转动不灵敏，使得其使用较为困难。

从上述分析来看，目前市面上可供高位截瘫者使用的鼠标不多，要么价格昂贵，要么操作不方便。我们认为适合高位截瘫者使用的鼠标应该操作比较简单，定位准确，能长时间使用，并且

价格适中。

（二）设计制作

我们首先考虑高位截瘫人士能够灵活活动的身体部位有头部、眼睛、舌头等。通过实验，我们发现用头部控制对颈部的负担太重，而且头部在运动中影响其观看屏幕的效果，容易头晕。用眼睛的视线控制鼠标，灵敏度低，容易错误操作，而且眼睛需要长时间注视，对视力影响很大。最后我们把研究方向定在利用舌头控制上，因为人身体上最强韧有力的肌肉就是舌头，用舌头控制对使用者的姿势和阅读行为影响很少。

然后我们研究舌头的动作，发现舌头适宜进行平面运动以控制方向，但是控制点击在准确性和力量上较难实现。经过讨论，我们决定采取用舌头控制鼠标运动，用牙齿辅助点击的方案。接着，我们需要寻找一种使舌控鼠标能方便地固定在口中的方法。经过调查，我们发现婴儿使用的奶嘴很符合我们的要求，它能容易地固定在口中，而且不会对口腔造成负担。利用舌头表面的粗糙面可以全方位地移动全向摇杆，这样能比以上几种残疾人鼠标更易于操作。

最后我们决定主要的制作材料为奶嘴、游戏杆控制芯片、微型全向摇杆。

由于奶嘴一般比较小，因此我们在制作的过程中屡遇困难。经过不断尝试，我们寻找到微型的微动开关代替鼠标按键，使用PSP游戏机上的微型全向摇杆代替鼠标的光电收发器，把控制电路芯片外移到奶嘴的外边，终于使鼠标能完全地结合在小小的奶嘴中。

（三）结构图样

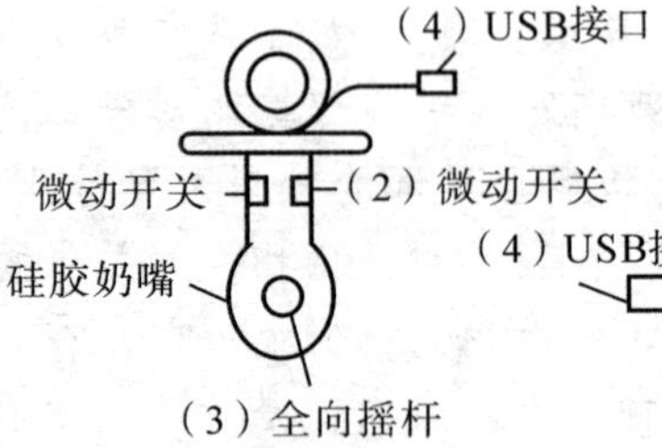

舌控鼠标俯视图

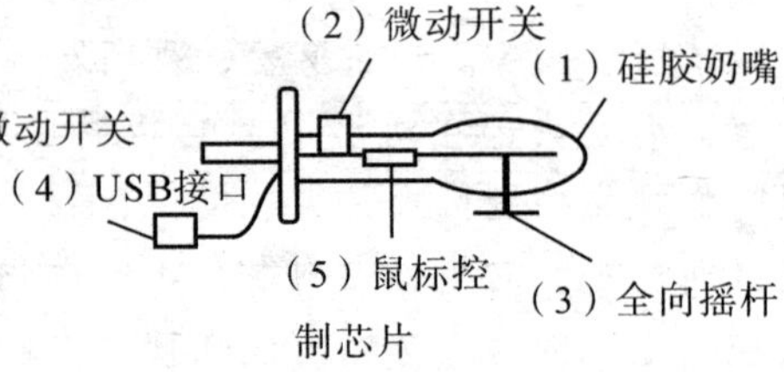

舌控鼠标侧视图

（四）试用调查

制作完成后，我们拿着鼠标走进社区，随机调查了社区内的人们使用此鼠标的感觉，并收集形成反馈，如下：

关于鼠标的调查报告（调查对象50人）

1. 请问你听说过用舌头控制鼠标吗？

A. 有（0%）　　B. 没有（100%）

2. 你认为舌头能吗？

A. 能（40%）　　B. 可能可以（40%）

C. 不能（20%）

3. 你认为奶嘴适合做成鼠标来操控吗？

A. 适合（64%）　　B. 不适合（36%）

4. 你觉得这种舌控鼠标操作方便吗？

A. 方便（42%）　　B. 一般（40%）

C. 不方便（18%）

5. 你认为高位截瘫人士适合使用这种鼠标吗？

A. 很适合（70%）　　B. 一般（26%）

C. 不适合（4%）

6. 你觉得这款鼠标售价多少比较合适？

A. 50 元以下（10%）　　B. 50 ~ 100 元（38%）

C. 100 ~ 500 元（40%）　　D. 500 ~ 1000 元（6%）

E. 1000 元以上（6%）

（五）调查结论

通过对社区人员的调查反馈总结出，人们对此鼠标表示好奇，对此种操纵方式表示可以接受。鼠标的成本也能控制在人们接受的范围内，证明舌控鼠标的创作是成功的。但试用者也表示，鼠标的灵敏度不太好，防水性能有待检验，这是我们今后努力改进的方向。

六、课题结论

本舌控鼠标具有以下的特点：

（1）本设计充分考虑舌头运动的特点，利用舌头控制鼠标移动，能满足高位截瘫人士的需要。本设计模仿奶嘴的形状，使鼠标容易放置入口中并能较长时间舒适地使用，能满足高位截瘫人士长时间操作电脑的需要。

（2）本鼠标设计简单，使用者不需要培训，稍加练习就可达到流畅的效果。

（3）本鼠标成本低廉，总制作成本在 30 元内，相当于一个中档鼠标的价格，适宜大规模推广。

（4）经网上搜索和专利检索，目前还没有类似的鼠标设计。与其他利用头、眼控制的鼠标相比，本鼠标操作简单，成本低廉，在易用性、准确性上有一定优势。

但由于材料的限制，鼠标在制作上还有不尽如人意的地方，例如没有适合的鼠标芯片；奶嘴的硅胶尺寸不合适，目前还没有找到代替品。希望以后能继续研究，不断改进，做得更好。

七、研究心得

通过这次研究性学习实践活动，我们了解到鼠标设计和制作的方法与过程，并且全程参与了舌控鼠标的设计与制作过程，获得许多成功的体验，学到许多书本上学不到的知识，收获良多。

在第一次的制作中，我们是失败的，因为没有找好电路的线位，导致做出来的时候触电全部是错误的。所以，我们在吸取第一次的失败教训后，开始了第二次的尝试，并更加注意其他小细节，避免线位再次弄错。在第二次的制作中，我们达到了预期的效果，组员们亲身体验舌控鼠标的操作，证明我们已经成功制作舌控鼠标。

在舌控鼠的标制作过程中，我们通过控制变量法作了几组不同的比较，得出不同的结论。如某一条线接不同的接口，不同线与点接出来控制的方向是不同的。这说明舌控鼠标移动方式的原理是与普通鼠标不同的。

在制作的过程中，我们一开始抱着怀疑自己的态度，经历了失败时的失望到成功时的喜悦，心理落差变化很大，说明我们组员在制作舌控鼠标过程中非常辛苦与努力。在这次研究性学习中，我们亲身体会到科学技术的魅力，同时也深深地感受到科学技术对人类的作用与帮助，此外，我们的研究是在组员合作中完成的，所以也感受到了组员间的团结精神。正因为有大家的共同努力，才有我们这次的成功。

【点评】

舌控鼠标的设计体现了这组学生关注社会热点，善于从新闻中触发灵感、发现问题的个性特点。该成果虽然看似简单，但可以体现这些学生善于积极思考、敢于自我反思和自我调控、勇于挑战自己并开展有意义的创造性强的制作探究的优良学习品质。学生们能够在分析总结前人的经验和自己的教训的基础上，不断改进制作的方式、方法，知难而上，另辟捷径，利用身边常用的工具和简单的器材加以组合、解决难题，成功地创造出有一定应用价值的舌控鼠标。该成果能在一定程度上满足高位截瘫人士自主操作电脑的需要，具有创新性，值得推广。

第三节　生活学习领域中协同学习与元认知整合的研究性学习策略

合作学习在西方国家已经历几十年的发展。据资料显示，仅在美国，合作学习的方法与策略目前就不下百种，其中还不包括每一种方法的变式。概括地说，合作学习的研究大致分为三个层次：一是集中于合作学习理论基础的研究，由20世纪30年代的先驱研究者勒温和道奇发展而来；二是集中于实证的研究，由斯莱文等后继者发起；第三个层面的研究中，史蒂文森和斯莱文进行了合作学习的评估工作研究，表明适当地运用合作学习可以提高各种类型学生的学习成绩。

对于基础教育一线的教学工作人员而言，国外合作学习研究成果给予我们的指导及其启示作用，集中体现在实证研究这个层面。特别是在生活学习领域中，它能对开展研究性学习从形式、方法和策略等方面拓宽我们的思路，使学生的学习效果增加。

一、强化元认知体验的实验类研究性学习

强化元认知体验的实验类研究性学习，是一类适合生活学习中与学生生活能力相关联的实践性学习。实验类研究性学习是指学生根据研究性学习的需要，利用一定的仪器和设备，人为地控制、干预选定的实验主题，使某一事物或过程在有利于观察的条件下发生或重演，从而获取科学知识，探索自然规律，学习科学方法。元认知体验是认知主体随着认知活动而产生的一种认知体验或情感体验。开展实验类研究性学习，为学生实践体验提供了机遇和保证。它能从时间和空间上提供多层次、多角度、多侧面的体验活动，对学生的元认知体验产生较大的强化作用。

实验类研究性学习根据课题的来源和内容可分为两大类：

（1）与教材有关的实验研究。此类研究的课题主要来源于教

材中的实验，又可分为：①从实验原理出发设计的研究性实验；②从实验过程出发设计的研究性实验（如对实验步骤提出疑问→选择比较实验）；③从尝试“错误”的角度出发设计的研究性实验（如对教材中的“不许”、“不能”、“注意”等内容提出质疑→分析问题→尝试“错误”操作）；④从教材内容出发设计的研究性实验。

（2）与日常生活、生产相关的实验研究。尽管每一类实验类研究性学习的内容不尽相同，操作程序也有所不同，但它们的基本程序都为：提出问题→设计实验→实施实验→得出结论→撰写研究报告。

在开展实验类研究性学习时，教师应做好如下指导：①指导学生选择有研究价值的课题。指导选题时要以学生已有的知识理论为基础，选择适合学生的有意义的专题作为研究内容；注意课题的可操作性，切忌过大、过虚或脱离实际。②指导学生做好资料搜索，设计制订切实可行的实施方案。③指导学生开展全程的科学实验活动，与他们展开充分的讨论，弄懂实验的理论依据及成果生成的过程，排除可能存在的干扰因素的影响。④从严要求，培养学生规范的实验技术。实验开始前，要求学生把所需器材搜集齐全，并逐一熟悉各种仪器的性能、使用方法和安全注意事项；实验过程中，要求学生严格按照规定进行技术操作，保证实验结果真实可靠。⑤加强对实验观察的指导，激发并保持学生对正在进行着的实验的兴趣，使他们准确观察和细致记录实验全过程的各种细节、现象及结果。⑥指导学生做好实验结果的统计分析和反思修正。

【研究性学习案例一】

岭南特色果酒酿制方法的初步研究

一、课题背景

“葡萄美酒夜光杯，欲饮琵琶马上催。醉卧沙场君莫笑，古来征战几人回。”此唐诗中提及了葡萄酒。其实人类用不同原料酿酒的历史约有五千年了，现在，酒已经普遍进入人们的生活当中。它品种多样，有葡萄酒、糯米酒、白酒等。在课堂上，我们了解到葡萄酒的制造方法，但其他的水果能不能酿酒呢？我们生活在广州这座热带城市，这里四季盛产各种水果，但市场上的水果很少用来制酒。无论是在家里或是在水果店，常常会看见一些腐烂或即将腐烂的水果被扔掉，让人感到既浪费又污染环境；报纸上也经常报道水果丰收供过于求导致水果白白烂在树上。如果能把这些水果酿成果酒，既能避免浪费又能增加一种特产，该是多好的一件事。所以我们开始尝试使用常见的水果制作果酒。

二、研究目的

1. 探究岭南水果酿酒的可行性。

2. 研究不同条件因素对酿酒的影响。

三、小组分工

实验前的准备：赵韵、李嘉宜、黄锦慧、李宁欣

实验制作过程：赵韵、黄锦慧、李宁欣、肖霄、冯嘉

实验过程记录：李嘉宜

实验总结报告：黄锦慧、肖霄、冯嘉、李宁欣

四、研究计划

1. 收集关于酿酒的资料，大概了解整个制作过程。

2. 设计实验的方案。

3. 购买实验所需要的材料，如香蕉、果酒酶、瓶子、酵母菌等。在准备好材料后，开始制作果酒。

4. 在果酒发酵的过程中，每天记录果酒的发酵进展情况，并拍照记录。

5. 就果酒的酿制编写调查问卷并采访被调查者。

6. 整理资料，撰写总结报告。

五、研究过程

1. 查找资料

由于最近市场葡萄的价格很高而且品种并不适宜制酒，所以我们希望能用一些有南方特色的水果来代替。我们在网上了解到广州的水果品种有500多种，其中以荔枝、香蕉、木瓜、菠萝分布最广，产量最多，质量最好，被誉为岭南四大名果。在这个时候肖霄查到一则新闻："广东徐闻香蕉跌至3分钱1斤，蕉农苦不堪言"。香蕉因营养均衡良好，且能预防癌症，因而引起我们的注意。去年日本癌症学会发表了香蕉具有提高免疫力、预防癌症效果的报告。其认为，一天吃两根香蕉，能有效地改善人的体质；此外，香蕉价廉、易食、携带方便，是维持健康的营养素，真可说是"神奇的水果"。如果因为供过于求就白白烂在地里太可惜了。这让我们想到，如果蕉农可以把香蕉酿制成香蕉酒，那么他们就能增加收入，减少损失。于是我们把研究的方向定为香蕉酒的酿制。

我们在市面上发现，香蕉除作水果鲜食外，已被加工成香蕉片、香蕉粉、香蕉泥、香蕉果酱、香蕉软糖、香蕉汁，甚至香蕉冰棒、香蕉冰淇淋、香蕉布丁等，但其中却没有香蕉酒。那么香蕉适合酿酒吗？带着这个问题我们又查找了资料，发现在非洲，香蕉酒是非常普遍的饮料。

在非洲中东部的布隆迪、卢旺达、乌干达、刚果等国家的人，都喜欢喝香蕉酒，特别

是逢年过节，人们一定会拿出传统的香蕉酒，喜迎节日。他们把埋在地下的香蕉取出，扒了香蕉皮，伴着干草，挤进一口如同棺材大小的木箱里。木箱里有水，香蕉在干草中被揉搓，挤进木箱的水里，然后一挤再挤，直到香蕉与木箱里的水完全融合后，才把干草扔掉。此时，木箱里的香蕉水混浊不堪。然后把它们倒进一个圆形的泥罐里，再把罐埋在地下三四天，香蕉酒的制作就完成了。当地人如果想喝香蕉酒，根本无须外出购买。喝上一口自己酿制的酒，即便酒不醉人，人还会自醉。这坚定了我们制作香蕉酒的信心。

于是我们查找能制果酒的酵母菌，最终找到安琪酒酵母。

2. 设计制作的方案

我们在课本上了解到果酒的制作主要是利用酵母菌将葡萄糖分解，生成二磷酸己糖，磷酸甘油醛、丙酮酸、乙醛等中间产物，最后生成乙醇、二氧化碳和少量甘油、高级醇和醛类。其过程可以用简单的反应式来表示：

$$\underset{\text{葡萄糖}}{C_6H_{12}O_6} \xrightarrow{\text{酵母菌}} \underset{\text{乙醇}}{2C_2HsOH} + \underset{\text{二氧化碳}}{2CO_2}$$

因此我们经过比较，购买了安琪牌葡萄酒高活性干酵母，其使用方法是：将 1 克干酵母加入 20 毫升 36℃~40℃含蔗糖 2% 的温开水中搅拌，使之充分溶解，30 分钟后，将上述酵母液添加至 5~10 升的果汁中正常发酵即可。

我们将其葡萄酒的制作过程进行对比，发现因为葡萄中含有大量水分，所以直接加入酵母就可以。但香蕉的水分含量很低，是否可以直接加水来酿制呢？经老师建设，我们添加果胶酶。果胶酶本质上是聚半乳糖醛酸水解酶，主要用于果蔬汁饮料及果酒的榨汁及澄清，对分解果胶具有良好的作用，在果汁的生产中常用于提高果汁的出汁率。

3. 制作过程

原料（配料）选取：香蕉、葡萄糖、果胶酶、酵母菌。

制作用的工具：5 个瓶子、天平、榨汁机、量杯、烧杯（锥形瓶）、体积分数为 75% 的酒精溶液、水槽、温度计。

制作过程：

首先用水清洗干净所需要的用具（包括榨汁机和量杯），然后用适量酒精进行消毒处理；

然后让其中一个同学用天平称量 10g 糖，另外两个同学同时用水和量杯调配果胶酶和酵母菌；

紧接着由另外两个同学剥香蕉，将香蕉分成小块状，放入榨汁机中进行搅拌；

接下来将榨好的香蕉汁慢慢倒入已经消毒过的瓶子中，并根据计划分别加入不同量的配料，将四瓶香蕉汁配置好；

最后分别写好 4 瓶香蕉汁的标签，注明顺序、成分及配料，并分别贴在瓶子上。

我们制作了 4 瓶香蕉酒来进行对照实验。以下是我们制作时订出的四个方案，通过加入不同量的配料改变各瓶果酒的味道，从而研究出最好的方案，制作出最好、最成功的香蕉酒。

我们的对照实验以方案一为基准，每个方案都加入不同的配料。从图表中我们可以看出，方案一：我们选择三样配料都加入，糖 10g、果胶酶 50ml、酵母菌 5ml（注：果胶酶和酵母菌均用纯净水配置）。方案二：我们选择不加糖，其余两项的量不变。方案三：我们选择不加果胶酶，同样其余两项量不变。方案四：我们虽然选择了三样都加，但是加入酵母菌的量由原来的 5ml 增加到 10ml。在整个制作过程中，我们采取了控制变量法，根据其余两项量不变的原则分别更改其中一个变量。

在接下来的实验观察中，每隔 12 个小时就要对香蕉汁进行换气，要将瓶盖微微拧松一下。而且可以用胶袋套住瓶盖，以更好地抵挡细菌的侵蚀，使香蕉酒不会因为受细菌的影响而发霉。

4. 实验观察

制作日期：2010 年 4 月 26 日

第二天（4月27日）：4瓶香蕉汁开始慢慢分层。

第三天（4月28日）：编号为1、2、4的香蕉汁都明显分层，但第3瓶由于意外剧烈摇晃过而导致分层不明显。

第四天（4月29日）：编号为2的香蕉汁不仅分层明显，而且是4瓶中上层液体最为清澈的一瓶。编号为3的香蕉汁也开始分层，编号1和编号4的与编号2的相比，相对来说较为浑浊。

第五天（4月30日）：总体来说4瓶香蕉汁都已经分层完毕，而且当拧松盖子换气时还会有明显的气泡产生，并且瓶内的香蕉汁还会涌上瓶盖。

第六天到第十天（5月1日至5日）：现象基本跟之前一样，只是上层液体与下层的香蕉分层更为明显。而且当拧松瓶盖换气时还能微微闻到溢出的淡淡酒味。

第十一天到第十二天（5月6日至7日）：香蕉酒基本已分层清楚，并且可以完全观察到明显的两层，上层是较清的香蕉酒，下层是沉淀下来的香蕉。

第十三天到第十四天（5月8日至9日）：香蕉酒已经完全分层，在拧松瓶盖时也只有很少量的气泡产生。

第十五天（5月10日）：这是实验观察的最后一天，此时的香蕉酒已经分为两层，当我们拧松瓶盖时已经没有任何气泡，还能闻到香蕉酒的味道。这时我们看到的香蕉酒分为两层，上层为香蕉酒清液，下层则为沉淀下来的香蕉。鉴于此，我们决定在5月13日下午对4瓶香蕉酒进行过滤。

5. 过滤处理

原料：4瓶已分层的香蕉酒。

过滤器材：5个空矿泉水瓶、医用纱布、1个漏斗。

制作过程：

首先清洗干净需要用的瓶子及漏斗等用具，然后用适量酒精消毒。然后其中一个同学将纱布摊开来，另一个同学将适量的香蕉酒倒入纱布中，而纱布则对准连接干净瓶子的漏斗口，轻轻地用手挤压纱布，使过滤后的香蕉汁能够通过漏斗流入瓶子中。每当过滤完1瓶香蕉酒时应及时清理掉香蕉渣，且及时清洗干净纱布。一直重复以上动作，直到过滤完4瓶香蕉酒为止。

6. 检验酒精

最后，为了检验香蕉酒中是否真的含有酒精及其含量，我们采用了通过加入一种检验酒精的化学试剂——重铬酸钾的方法。这种化学试剂在酸性条件下一旦遇到酒精就会变成灰绿色，而且颜色越深则说明酒精浓度越高。当我们将装有1~2ml香蕉酒的试管滴入3mol/L的H_2SO_4三滴，震荡混匀，最后滴加常温下饱和的重铬酸钾溶液。震荡摇匀后发现4支试管的颜色均变成灰绿色，但4支试管相对比较，编号2、3的试管变化稍微没有那么明显，但编号1和编号4的试管则变成比较明显的灰绿色。由此说明，这个制作香蕉酒的实验最终是有酒精产生的，也就是说我们做的这次实验总体上是成功的。

7. 实验结果与分析

方案	方案一	方案二	方案三	方案四
葡萄糖	10g	无	10g	10g
果胶酶	50ml	50ml	无	50ml
酵母菌	5ml	5ml	5ml	10ml
果酒气味	有香蕉味、甜味，酒味	有酒味，少香蕉味、甜味	大量酒味、甜味，少香蕉味	大量酒味和香蕉味，无甜味
果酒味道	酒味一般	酒味一般	酒味淡	酒味较浓，有点酸味
甜味	甜味较大	甜味淡	甜味很浓	无甜味
香蕉味	比较淡	较浓	比较淡	比较浓

（续上表）

方案	方案一	方案二	方案三	方案四
重铬酸钾检验乙醇	明显的灰绿色	很淡的灰绿色	很淡的灰绿色	明显的灰绿色
现象分析	生成比较多的酒精，由于酵母比较少所以导致葡萄糖发酵不完全，酒里的甜味比较大	由于没有加糖所以反应很快停止，酒精生成比较少	由于没有添加果胶酶，可能导致香蕉出汁少，香蕉味比较淡，酒精少，而且浑浊	由于糖和酵母的分量都比较多，所以酒精产生得多。甜味少证明糖基本让酵母菌转变成酒精

当对照实验方案时我们发现：方案一中我们加入的是正常量的三种配料，所以不管是气味还是试吃时感觉三种味道都有。而第2瓶我们不加糖，所以第2瓶闻起来几乎没有甜味，但由于香蕉本身含糖量高，所以在尝试时仍能感觉到略微的甜味。方案三中不加果胶酶，但是并没有出现奇怪的现象，反而有较浓的酒味，并且还有香蕉味和甜味。而方案四我们选择三样都添加，只是酵母菌的含量有所增加。

从方案三和其他方案的比较可看出，果胶酶对提高果汁出汁率的作用很大，而且能使果汁澄清。高糖环境对酵母发酵影响很大，可以促使酵母菌大量繁殖。

六、实验结论

从整个实验过程来看，选择香蕉作为制造果酒原料的方案是可行的。香蕉不仅含糖量高，且制作果酒较为方便，制作价格也较为合理。所以制造香蕉酒是一种新颖且可行的方案。

高糖环境能促使酵母菌大量繁殖，有益于果酒的制作，但太多的糖会抑制果汁本身的发酵，因此糖、酵母、水果的比例需要反复的实验研究才能得到最佳的配比。

七、活动反思

通过综合实践课，我们深入了解到制果酒的过程和方法，并尝试制作了香蕉酒。在第一次制作中，我们失败了，因为消毒处理得不好，导致果酒全发霉了。所以，我们在吸取了第一次失败的教训后，开始了第二次的尝试，并更加注意其他小细节，避免果酒再次被细菌感染。在第二次的制作中，我们达到了预期的效果，并通过组员们的尝味证明果酒中已有酒味和甜味，从而说明我们已经成功制作出了香蕉酒。

在果酒制作过程中，我们通过控制变量法作了几组不同的比较，如某一瓶果酒中不放果酒酶或不放葡萄糖。通过这几组的比较，得出了不同的结论，如通过尝味可知，没有放蔗糖的果酒跟放了蔗糖的果酒的甜味是不同的。这说明香蕉在分解作用下，释放了它原本的甜味，而这甜味比蔗糖还甜；放了葡萄糖的果酒，被蔗糖的甜味覆盖了香蕉原本的甜味，所以尝不出其原本的甜味。

【点评】

本研究课题起源于高中生物课本中果酒酿造的研究性学习题目。学科教学中的研究性学习和综合实践课程中的研究性学习看起来相似，但在学生方案设计、结果的要求、评价的标准上都有很大的区别。

以本课题为例，学生除了需要了解酶在酿酒中的作用外，还需要收集各种水果的特点和生产上遇到的问题，需要了解不同的酿酒工艺，需要自行设计实验和检验的方案。本研究为学生综合能力素质的培养提供了很好的机会，体现了综合实践活动的跨学科特点。

【研究性学习案例二】

牛奶加水果更有营养吗？——牛奶与水果混合的实验研究

一、提出课题

我一直习惯在早上喝纯牛奶。有一次我在喝完牛奶之后又吃了一个橙子，可是过了没多长时间，拉肚子和呕吐接踵而来。迫不得已，母亲急急忙忙地把我送到医院。当我把我的经过一五一十地向医生叙述之后，医生只是微微地笑了一下，并告诫我说："以后千万别把水果和牛奶一起食用。"为什么牛奶和水果不能一起食用？它们都是好东西，牛奶可以帮我们补钙，水果可以帮助我们补充维生素，按理来说两个好的东西加在一起应该会更有利于身体健康，可是这一次怎么反而南辕北辙了呢？

二、研究目的

喝完牛奶再吃水果，为什么就使我食物中毒？难道牛奶真的不可以跟水果混合吗？我不禁自问道，可是在市面上却有许多水果牛奶，这能说明两者可以结合吗？要是真的能结合，其条件是什么，要是不能结合那又是什么条件致使的？问题一个接一个地涌上我的心头，这一切一定存在着什么秘密，在等待着我们发现它的真相。

三、小组分工

为了完成这个艰巨的任务，我叫上了两个好朋友林军和黄炜东，让他们与我并肩作战。

首先，我让黄炜东买不同种类的奶，像纯牛奶，水果味的牛奶，酸奶，还有带有果仁的牛奶，还带上雪梨、苹果、柠檬、橙子，还有我最喜欢吃的西瓜。

然后，在一切准备妥当之后，我们一起来到学校的实验室，在老师的带领下完成预期的每一个实验。在做实验时，我们根据自己的特点进行分工。因为我比较细心，所以我一直负责过滤果汁等比较精细的工作。至于强壮的炜东，我就把大多数的体力活交给他，如榨汁、拍照等工作。林军负责记录我们的实验结果和进行过程。

最后，我负责整理所有的数据并把报告记录完整。

四、研究计划

我因为把牛奶和橙子搭配食用而造成了身体不适，那么是什么原因造成我身体不适呢？我们首先上网查找相关资料，于是我们了解到了我生病的大概原因。继而我们想进一步研究其他水果和纯牛奶混合是否也会有这种现象。

(1) 上网查找资料和询问老师，柠檬汁加入牛奶会出现结块物质，这种现象是否特例，其他品种的水果是否也会出现这种现象。

(2) 准备选取水果汁 pH 值不同的水果进行实验。

(3) 进行试验探究。为了防止水果中的果肉影响实验结果，必须过滤果汁，然后将之加进纯牛奶里，观察现象。

(4) 对实验的结果进行调查，发放“人们知不知道水果是否能和纯牛奶搭配食用”的问卷。

(5) 作出总结，撰写论文。

五、研究过程

1. 网上搜索资料

网上收集到的资料：橙子和柠檬均属于高果酸的果品，当果酸遇到牛奶中的蛋白质，就会使蛋白质变性，从而降低蛋白质的营养价值。牛奶是由蛋白质颗粒和其水解产物即各种氨基酸组成的高分子液。它含有少量的乳糖小分子胶体，还含有动物性油脂在水中形成的乳浊液，同时还含有极少量无机盐在水中形成的溶液。胶体溶液的胶体粒子带有电荷，是由于胶质粒子吸附溶液中已有的离子或极性分子，若加入电解质以抵消所有电荷，可使胶质粒子凝聚。柠檬是酸性水果，所以是电解质，加入后会使之结块。柠檬里含酸，遇到牛奶里的钙，生成难溶性的柠檬酸钙，出现沉淀，破坏了牛奶的成分，所以牛奶就会慢慢变性。牛奶虽然是人们生活中不可缺少的食物，它物美价廉，食用简单，但是如果“拿来就喝”，就会犯一些“想当然”的错误，使牛奶的营养价值大大地降低。

牛奶的主要成分是蛋白质，柠檬的果肉中含有5%的柠檬酸，而柠檬酸使蛋白质变性，从而使人腹泻、腹痛、腹胀。我们还要研究是不是其他品种的水果也会有这样的化学反应。

2. 市场调查

为了更好地完成这个实验，我们小组三人一起来到一家大型超市做市场调查。

通过这一次调查，我们主要想了解各种各样牛奶产品的情况，以防在接下来的实验中手忙脚乱。在明确这个核心之后，我们三人一起来到了卖牛奶的架子旁。牛奶的种类很多，于是我们决定再一次分头行动，黄炜东负责纯奶，林军负责水果奶，我负责酸奶和其他种类的奶。这一次我们的任务是记录不同种类奶的各种营养成分的含量，特别是蛋白质的含量，另外还需要把牛奶的成分记录下来。

我还没来得及庆祝胜利，黄炜东和林军就把我推到了下个任务——调查市民对不同牛奶的需求量。这是整个调查最重要的部分，因为只有在了解这个需求量的前提下，我们才能更理性地设计实验，防止盲目地实验。于是我们又很快行动起来，首先我们来到我们所在地方的一个超市的柜台前，费了好多的口舌，经理才愿意把本月和今年的牛奶销售情况给我们看，我们马上把几个重要的信息捕捉住并认真地记下来。我们在调查时发现货架上摆放着许多果蔬牛奶。因为我把橙子和牛奶搭配食用造成了身体不适，那广大群众是否也知道水果是不能和牛奶搭配使用的呢？

研究所用牛奶的蛋白质含量：

种类	伊利纯牛奶	伊利草莓奶	蒙牛果蔬酸酸乳	维记木瓜奶
蛋白质含量（每一百克）	≥2.9克	≥1.0克	≥0.8克	≥2.5克
果汁含量	无	无	浓缩果蔬汁（苹果、菠萝、番茄、胡萝卜）	木瓜浆

研究所用牛奶的相关配料：

伊利草莓奶的配料——鲜牛奶、水、白砂糖、稳定剂、安赛蜜、食用香料，确实没有标注草莓成分。

伊利纯牛奶的配料——牛奶可溶性膳食纤维；食品琢加剂：乳化剂，乳糖酶。

蒙牛果蔬酸酸乳的配料——水、鲜牛奶、白砂糖、、低聚异麦芽糖、食品添加剂（羧甲基纤维素钠、柠檬酸、乳酸、柠檬酸钠、果胶、黄原胶、海藻酸丙二醇酯、瓜尔胶、阿斯巴甜、安赛蜜）、食用香精（菠萝香精、酸奶香精）、乙二胺四乙酸铁钠、烟酰胺、葡萄糖酸锌。

从上面资料可以看出，这些果汁牛奶中所含的蛋白质含量都较少，而且大部分用的不是纯果汁，而是香精或浓缩汁。

3. 实验过程

（1）实验目的：是不是大部分水果都不能和牛奶搭配食用？

（2）实验材料及仪器：纯牛奶、西瓜、柠檬、苹果、橙子、酸奶、试管、烧杯、量筒、过滤纸、pH试纸。

（3）实验过程和现象：

把材料中的水果汁挤在烧杯中，然后用滤纸过滤，放在量筒中量取各种水果汁10毫升。

用pH试纸测量各种果汁的pH值，再把果汁加入装有牛奶的烧杯中，然后用纸巾过滤溶液探究其是否含有残渣。

实验项目＼水果	柠檬	橙子	西瓜	苹果
方法	pH 值约为 3	pH 值约为 6	pH 值约为 7	pH 值约为 7
现象	牛奶立即结块，搅拌牛奶，有豆腐渣状。	牛奶有轻微的结块，无豆腐渣状	无明显现象	无明显现象
图片	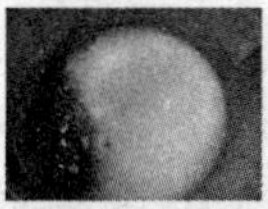	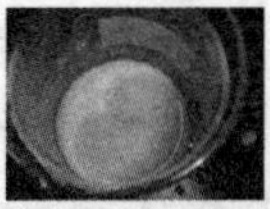		
纸巾过滤	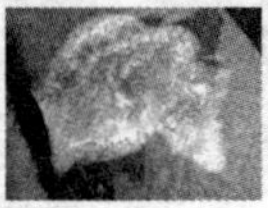	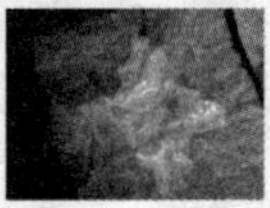	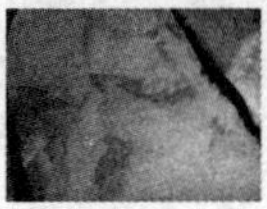	

（4）实验结果分析：我们在平常的生活中常常喝牛奶，为使营养更加丰富一些，有些人就往牛奶中加入一些水果，或者在榨水果时直接加入牛奶，这些做法都是不对的。通过这次的实验我们发现，柠檬和橙子等酸性较大的水果会与牛奶发生反应，使牛奶中的蛋白质凝固。所以说我们在平时喝牛奶时，应该特别注意牛奶中蛋白质的含量，以防出现身体不适。

（5）我和同学做了一次问卷调查，结果如下：

1. 您平时是否有过把水果和纯牛奶搭配食用的经历？

A. 有（40%） B. 无（60%）

2. 您认为能不能这样搭配食用呢？

A. 能（80%） B. 不能（20%）

3. 您认为水果和牛奶搭配利于身体健康吗？

A. 利于（76%） B. 不利于（24%）

4. 水果和纯牛奶是不能搭配食用的，这样会造成呕吐或者腹泻等症状，那为什么市场还会有各种各样的果蔬牛奶呢？

A. 少量搭配可能有益（45%）

B. 所用水果不会和纯牛奶发生化学反应（55%）

结论：通过调查我们了解到，很多人并不了解水果和纯牛奶搭配食用会使牛奶的营养减少，或者可能对身体造成影响。

六、实验结论

通过这次实验，我们发现酸性水果是不能和纯牛奶搭配食用的，因为这样会产生很多块状物体和残渣，给身体造成不适。不过，并不是所有的水果和纯牛奶混合都会出现结块物质或者残渣。例如我们在检测 pH 值为中性的水果时，如西瓜，并没有发现纯牛奶里出现块状物质或者残渣。于是我们询问了老师，他告诉我们中性水果是不会使纯牛奶中的蛋白质变质的。在本实验中，我们没有进一步检测这样的水果是否能和纯牛奶搭配食用和食用后会出现什么反应，鉴于安全考虑，我们小组成员建议群众最好不要把中性的水果和牛奶搭配食用。我们根据牛奶里的配方得到结论，水果牛奶里并没有纯的水果汁，有些只是以果块存在。

七、建议

通过这次的实验探究，我们充分地了解到纯牛奶和酸性水果是不能搭配食用的，这样会给我们的身体造成不适。所以，我们在日常生活中千万不要将橙子与牛奶混合食用，以免引起腹泻等不良反应。其次，尽量不要将牛奶与水果混合食用。因为经过实验，很多水果的果汁呈酸性，容易破坏牛奶本身的蛋白质结构，对我们的身体有害无益。

在实验中，我们还发现，我们日常生活中饮用的水果牛奶的蛋白质含量较低。厂家是在降低牛奶中的蛋白质后加入水果的，这样既防止酸性水果和蛋白质反应，还可以做到营养搭配，所以请广大的消费者放心饮用。

最后我们建议大家不要把纯牛奶和酸性水果搭配食用，如果有些群众有这些喜好请少量搭配食用。

同时，我们建议大家多学习日常生活科学小知识，扩大知识面，以免发生类似的情况。不仅如此，政府部门应该加强对广告的审核，防止一些虚假广告误导广大民众，并通过媒体宣传和群众息息相关的日常生活科学知识，多提供一些日常生活小贴士，让群众拥有健康的体魄。

八、研究反思与体会

这次实验使我们受益匪浅，不仅明白了许多道理，而且掌握了许多实验的方法。首先在实验前，一定要注意器材的齐备和完整。在本实验中，我们的实验器材并不齐备，如没有漏斗、铁架台等，以致我们要直接用滤纸装着各种果汁放在量筒或者试管上进行过滤，还要随时看护，保证滤纸不会因重心不稳而将果汁洒出，弄得我们汗流浃背。另外我们准备的搅拌机因为未经检查，结果在使用时才发现它无法工作，这令我们不得不用手挤果汁。不过，“吃一堑，长一智”，以后我们一定会改正其中的不足。

实验时，我们的很多操作可能因各种原因而无法准确地实现，出现误差，故我们必须用各种办法使误差最小化。正如刚才所说的，我们在实验中用手挤果汁，所以，很难避免一些果粒掉进果汁中，从而导致我们在测量各种水果与牛奶反应结块的有无与质量上造成了很大的困难和误差。

其次，本次实验中一个很重要的步骤就是将果汁滴进牛奶中观察其反应。然而，当我们的橙汁滴进牛奶中时，并未出现我们想象中的结块现象，而第二次的重复实验却出现了明显的结块。为什么呢？关键在于第一次我们所滴加的橙汁与牛奶的比例过小，从而致使反应不明显。若不是考虑到该结果有悖于我们的实验设想，从而再次实验，很有可能我们就会得到一个错误或者不够精确的实验结果。

操作一定要有耐心及一定的技巧，在进行重要的步骤时，应多次确认再实施。在过滤的过程中，我们发现果汁的过滤极其缓慢，很长时间才积累到一滴，于是我们尝试敲击桌面使滤纸震动，加快流速。然而，在我们因为水滴的形成速度明显加快而兴奋时，由于剧烈的震动而导致试管架不稳，试管一下子倾斜，滤纸中的果汁基本都洒了出来。而且那些充斥着果粒的未过滤果汁有部分顺试管壁流进试管中，好不容易收集到的果汁就这么毁了。

后来，我们发现，将滤纸倾斜在某个角度，并且将其底部与试管壁接触时，流速会变快很多。但是由于我们的实验对水果的需求量很大，所以这个速度仍不乐观。而且，这种方法需要时时刻刻地用手控制着试管和滤纸，这极大地考验着我们的耐心。

经过“坎坷”的过滤过程，我们将近用了10分钟才得到的西瓜汁倒入瓶子时，竟然发现牛奶里有结块。原来是因为我们所用的试管本是用来盛放柠檬汁的，而未冲洗，结果又导致实验失败。

【点评】

学生开始研究的时候定的主题是“牛奶和果汁反应会怎样”，只研究牛奶和果汁的反应现象。当学生来询问我的意见时，我启发他们：为什么广告宣传牛奶加果汁更健康，和你们的研究结论是不是相反？于是学生重新制订了研究计划，到超市中了解各种果汁牛奶饮品的情况，并购置样品进行实验，得出的结果明显揭示了果汁牛奶产品的真实面目，有很高的社会价值。当课题在学校展示的时候引来许多人的关注和好评。因此，教师在指导研究性学习的时候，应该引导学生关注身边的社会现象，把学科课题延伸到社会实践中。

二、迁移元认知监控的调查类研究性学习

迁移元认知监控的调查类研究性学习，是一类适合生活学习中与学生适应能力相关联的实践性学习。

调查考察类研究性学习，是指根据研究性学习的需要，教师指导学生通过各种方法和手段，有计划、有目的地搜集研究对象的材料，从而发现其中的规律性知识。调查考察类研究性学习可以在较短时间内取得丰富的第一手材料，为解决问题提供事实依据，同时又能较好地培养学生分析问题和解决问题的能力。其一般程序为：确定课题→选择调查对象→制订调查计划→实施调查→分析调查结果→得出结论→反思修正→撰写调查报告。

元认知监控则是指认知主体为了达到预定的目标，将自身正在进行的认知活动过程作为意识对象，不断地对其进行积极、自觉的计划、监察、检查、评价、反馈、控制和调节。开展调查考察类研究性学习，就是在进行着元认知监控训练，因为此类研究性学习能操作实现元认知监控的四部分结构，即①制订计划；②实行监控（依照一定的评价标准及时评价、反馈认知活动进行时的各种情况，并据此及时修正、调整认知策略）；③检查结果；④采取补救措施。不断围绕调查考察主题，练习、实践和反馈，开展和完善研究性学习，就能实现元认知监控能力的保持和迁移。

在开展调查考察类研究性学习时，教师应做好如下指导：①指导学生选择适当的调查方法。调查考察的方法一般采用实地调查、问卷调查和访谈调查，教师要根据任务和对象的不同，指导学生选择不同的方法。②指导学生认真做好调查资料的整理分类工作，特别是即时资料，要在调查当天就进行整理，这样既可以省时省力，也可以避免不应有的损失。③指导学生合理分配好课内和课外的学习时间，做到“两不误”。

【研究性学习案例一】

广州市某中学高一年级学生膳食情况调查

一、课题背景

高一年级学生正处于生长发育的关键时段。均衡合理的营养和科学的膳食对保证其身心健康，促进体力、智力的良好发育有重要的作用，紧张的学习生活也需要足够的营养来支持。因此，保障足够的营养对我们的同学是相当重要的。

不过，我们在生活中经常看到有同学不吃午饭，而是吃方便面、饼干、麦当劳或者路边的寿司。从营养学角度考虑，他们的膳食是否做到营养均衡，是否能够满足学习的需要?

二、研究目的

通过对学校高一年级同学的膳食营养情况进行取样调查和分析，了解他们饮食是否健康、膳食是否均衡全面，然后提出健康膳食的建议。

三、小组分工

调查前的准备：包括上网搜寻资料、制定调查表、咨询导师等，由全组3人共同完成。

调查过程：全组3人共同参与。

调查后的整理：包括整理调查表的数据、分析数据，由赵欣负责。

调查总结报告：主要由李慧、肖霄完成。

四、调查计划

1. 查找“膳食营养素供给表”，收集关于高一学生所处年龄阶段的膳食营养中能量和蛋白质的要求等资料。

2. 设计抽样调查表。

3. 进行抽样调查。

4. 整理抽样调查资料，进行BMI值的分析。

5. 寻找典型个案，提出健康膳食的建议，撰写总结报告。

五、调查过程

1. 查找资料

经过查阅资料，我们了解到，考查膳食营养是否平衡需要考虑能量、蛋白质量、各种无机盐、维生素，还有来自糖类、脂肪、蛋白质的能量比例等诸多因素。通过查找“膳食营养素供给表”了解高中生膳食营养的标准，获得了高一男女学生所处年龄阶段的膳食营养中能量和蛋白质的要求：

	一天		午餐（全天40%）	
	能量	蛋白质	能量	蛋白质
男生	3000千卡	90克	1200千卡	36克
女生	2600千卡	80克	1040千卡	32克

在我们的一日三餐中，早餐和晚餐通常在家进餐，处于家长的安排下。而午餐则有相对的自由，可以在学校饭堂进餐，也可以在外面购买其他食物。可是，在一天之中，中午的营养是很重要的，资料显示不同年龄、不同体力的人午餐提供的能量应占全天的40%。我们上午上了5节课，下午还有3节课，晚上往往要到七点以后才能进餐，因此，午餐对中学生来说尤为重要。

2. 抽样调查

考虑到研究的周期较短，我们在高一年级同学中随机选择男、女各18名进行调查。调查人数约占本校高一学生数的1/8。调查内容如下：

项目		月　日	月　日	月　日
从事的活动及时间	睡眠			
	学习			
	吃饭			
	娱乐			
	运动			
	其他			
摄入食物	早			
	中			
	晚			
三餐中的蔬果量				

在同学的配合下，我们回收了19份调查问卷。

3. BMI值的分析

身体质量指数（BMI）是用体重（公斤）数除以身高（米）数的平方得出的数字，是目前国际上常用的衡量人体胖瘦程度以及是否健康的一个标准。当我们需要比较及分析一个人的身体质量对于不同高度的人所带来的健康影响时，BMI值是一个中立而可靠的指标。专家指出最理想的身体质量指数是22。

体重指数	男性	女性
过轻	低于20	低于19
适中	20～25	19～24
过重	26～30	25～29
肥胖	30～35	29～34

19 个受测样本的 BMI 值计算如下：

女生 BMI 值统计					男生 BMI 值统计				
序号	身高	体重	指数	分析	序号	身高	体重	指数	分析
1	1.65	48	17.6	过轻	1	1.8	105	32.4	肥胖
2	1.63	47.5	17.9	过轻	2	1.81	60.5	18.5	过轻
3	1.68	45	15.9	过轻	3	1.7	100	34.6	肥胖
4	1.7	65.5	22.7	适中	4	1.71	64	21.9	适中
5	1.6	60	23.4	适中	5	1.68	48	17.0	过轻
6	1.68	52	18.4	过轻	6	1.75	80	26.1	过重
7	1.66	48	17.4	过轻	7	1.76	60	19.4	过轻
8	1.61	45	17.4	过轻	8	1.7	57	19.7	过轻
9	1.58	56	22.4	适中	9	1.75	50.5	16.5	过轻
10	1.6	48	18.8	过轻					

女生BMI值比例

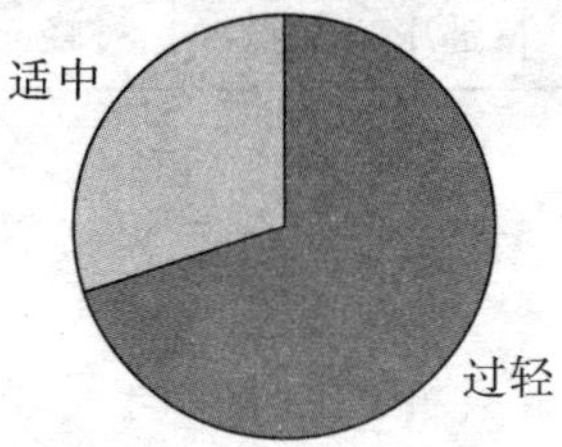

男生BMI值比例

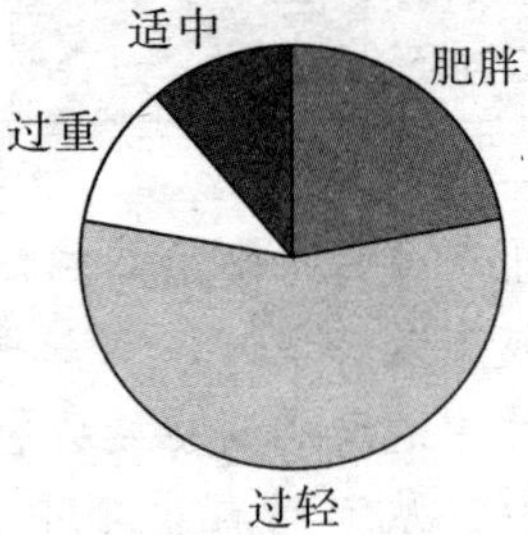

从 BMI 值看，女生中 BMI 值适中的有 3 人，过低的有 7 人；男生 BMI 值适中的有 1 人，过重的有 1 人，肥胖的有 2 人，过轻的有 5 人。适中的仅占调查人数的 21%。

看来 BMI 值显示的理想体重与我们平时的观念存在不同之

处。如，数据中4号、5号女生BMI值适中，可她们却被大家认为“肥”；3号女生BMI值仅有15.9，她却是大家平常认为身材好的。

4. 调查结果分析——BMI值过低与午餐情况

我们在调查中发现，连续三天中午吃速食的同学有7人，三天中曾经不吃午饭的1人，占调查人群的42.1%。这8个人中，6个人的BMI值过低。可见，中午采用速食方式是影响BMI值的因素之一。

编号	女3	女4	女6	女7	女9	男2	男5	男9
午餐情况	万威客热狗包2个	万威客热狗包1个	万威客热狗包1个	速食米粉1碗	速食面1碗（有时加薯片1包）	有时不吃	速食面1个	万威客热狗包2个
能量（千卡）	约345	约345	约345	约358	约500（+555）		约500	约345
BMI值	15.9 过轻	22.7 适中	18.4 过轻	17.4 过轻	22.4 适中	18.5 过轻	17.0 过轻	16.5 过轻

女生9号的午餐虽然能量是足够的，但却不健康。薯片位列十大不健康食品之一，有一种说法：“吃薯片等于吃汽车废气”。因为薯片中的反式脂肪酸会影响生长发育期的青少年对必需脂肪酸的吸收，从而对青少年中枢神经系统的生长发育造成不良影响。此外，薯片中含有的丙烯酰胺有致癌作用。

当问及这些同学为何不吃中午饭时，他们的回答比较一致，认为中午比较自由，没有父母约束，天天吃饭堂的饭比较乏味，不在饭堂进餐则有较多的选择。

5. 个案分析

(1) 肥胖者的情况分析。在调查中出现了2个BMI值大于30的同学，分别是男生1号和3号。以男生1号为例对肥胖者作一个情况分析，见下表：

姓名：男生1号　体重：105千克　身高：170cm　性别：男

项目		2月28日	2月27日	3月1日
从事的活动及时间	睡眠	7	7	7
	学习	8	8	8
	吃饭	2	2	2
	娱乐	2	2	2
	运动	0.5	0.5	0.5
	其他	4.5	4.5	4.5
摄入食物	早	番茄蛋炒肉，米饭3碗	斋面1份	鸽子一只，米饭2碗
	中（饭堂）	马铃薯1份，茄子1份，米饭2份（约200克）	蒸肉饼1份，米饭2份（约200克）	·炒蛋1份，节瓜粉丝1份，青瓜1份，米饭2份（约200克）
	晚	焖鸡、米饭2碗	饺子22只	白切鸡半只，米饭2碗
三餐中的蔬果量		蓝莓、莲雾各5个	车厘子约200克	香蕉5根

两位肥胖的同学的共同特点是运动量明显不足，除了做课间操和体育课，其他时间基本不运动，每天运动的时间也是调查对象中最少的；而1号的食物摄入量更是厉害。这或许就是造成他

们肥胖的主要原因。

（2）其他同学的典型个案分析。

案例	同学A	同学B	同学C
摄入食物	早上只吃了一个鸡蛋，中午吃方便面，晚上却大鱼大肉	为了减肥，每餐只吃一个苹果，并跑步减肥。	早餐吃一个麦当劳套餐，中午与晚上大鱼大肉，很少吃蔬菜和水果。
分析	有偏食现象，而且早上与中午的摄入量是不够的，会对当天的学习造成影响。	严重缺乏营养，摄入少运动多，很容易晕倒。	很容易造成肥胖，不利于成长。

六、结论和建议

从调查的结果来看，我们发现我们高一年级的部分同学饮食是很不健康的，部分同学存在着饮食不均衡的现象。

高中生正处于在青春期发育期，代谢旺盛，又活泼好动，正是长身体的阶段。这时期是思维能力活跃、记忆力最强的时期，其学习任务十分繁重，面临着各种各样的考试。高中时期是青少年长身体、长知识的重要时刻，我们的大脑皮层长期处于高度紧张之中，所以此时是否做到合理膳食十分关键。但是，恰恰是在这个阶段，由于学习的压力及相关知识的匮乏，同时，社会、学校、家长也缺少必要的指导与引导，所以，中学生容易根据自己的喜好形成不良的饮食习惯，如吃零食、偏食等，不但会损害自己的身体，而且会降低学习效率。

为此，我们将我们的调查所得与大家分享，争取大家膳食营养的足量、均衡，能量控制适度等。

以下是一些关于平衡膳食的建议与标准：健康的午餐应以五谷为主，配合大量蔬菜、瓜类及水果和适量肉类、蛋类及鱼类食物，并减少油、盐及糖分。讲究“123”的比例，即1/6是肉或鱼或蛋类，2/6是蔬菜，3/6是饭或面或粉，要注意“三低一高”，即低油、低盐、低糖及高纤维。

食物的分类及功能平衡膳食搭配

	类型	代表食物	功效
一类	谷类及薯类	米、面、杂粮；马铃薯、甘薯、木薯	提供碳水化合物、蛋白质、膳食纤维及B族维生素
二类	动物性食物	肉、禽、鱼、蛋、奶等	提供蛋白质、饱和脂肪、矿物质、维生素A和B族维生素
三类	豆类及其制品	大豆及其他干豆	提供蛋白质、脂肪、膳食纤维、矿物质及B族维生素、植物雌激素、大豆卵磷脂和固醇
四类	蔬菜水果类	鲜豆、根茎、叶菜、茄果等	提供膳食纤维、矿物质和维生素（C和胡萝卜素）、抗氧化生物活性物质
五类	纯热量食物	食物油、淀粉、食用糖和酒类	提供能量，植物油可提供必需脂肪酸和溶性维生素

七、收获与反思

通过这次对我校高一同学合理膳食的研究，使我们从中学会如何合理安排膳食，做到平衡膳食，学到平时没有学到的生活经验，也让我们学会了团结与合作，从中体会到团结与合作的重要性。这次的研究性学习，是我们上高中以来的第一个研究性学习课题。在确定题目、制定调查表、咨询老师、上网搜寻资料、整理数据、分析数据、结题报告的过程，我们遇到了不少困难。如面对一大堆数据时，我们不知如何下手，看到计算量就吓坏了。但在老师的指导下，我们还是共同克服困难，完成了课题。然而，由于时间有限和我们的水平不高以及发动面不够广，在请同学填写问卷时指导得不够明确，导致我们的分析比较简单，对问题的研究还不够深入。这是我们在今后的研究中需要改进的。

【点评】

这三位同学发现不少同年级同学中午饮食不够健康的情况，由此引发对高一学生膳食情况调查的想法，并设计了调查方案和调查表。但是之后的研究就显得不太顺畅。由于部分同学不认真对待，导致只能回收一半的调查表，对称量法考虑不周导致早餐和晚餐无法测量，还有他们面对一大堆数据不知如何入手。面对困难，这组同学最终能够克服困难，坚持研究，从中找出能够使用的数据进行分析，将 BMI 值与膳食情况进行整体分析和个案分析，从而得出结论，提出健康膳食的建议。

本研究若能争取同学更好的配合，延长数据采集的时间并增加调查数据，将增大其可信度。

【研究性学习案例二】

市售部分运动饮料调查与分析

一、课题背景

随着社会日益进步，人们对物质的追求也提高了。目前市面上的商品琳琅满目，单是运动饮料就有很多种。到底该如何选择？这些运动饮料是否真的有作用？运动饮料应该包括哪些成分？标注为“运动饮料”的是否就一定是运动饮料？选择运动饮料的关键是什么？这些都是爱好运动的学生关心的问题，所以我们选它为本小组的研究课题。

二、研究目的

我们期望通过对市面上运动饮料的调查，了解、分析运动饮料的成分，对不同的运动饮料进行一次系统的认识与了解，拓宽我们的知识面，提高我们的探究能力，并提出消费建议，为同学们选择运动饮料提供帮助。

三、小组分工

调查前的准备：包括上网搜寻资料、制定学生调查表和市场调查表、咨询老师等，由全组3人共同完成。

调查过程：包括市场消费调查与分析、学生选择运动饮料调查等，全组3人共同参与。

调查后的整理：包括整理调查表的数据、分析数据，由孙强负责。

调查总结报告：主要由邹健峰、袁欣完成。

四、调查计划

1. 查找运动饮料的新国家标准以及运动饮料的定义、成分及功能等资料，了解运动饮料的特点和作用。

2. 制定运动饮料消费的学生调查表和市场调查表。

3. 开展市场消费调查与分析、学生选择运动饮料调查。

4. 整理调查资料，进行运动饮料的成分分析和消费分析。

5. 提出运动饮料的消费建议，撰写总结报告。

五、调查过程及其调查结果

1. 查找资料——运动饮料及其作用

剧烈运动消耗能量的同时也会大量出汗。出汗时，无机盐随水分排出，很容易造成机体血浆渗透压的改变，导致人体内环境失衡。因而人们通过饮用运动饮料补充运动后失去的水分和无机盐。

根据运动饮料新国家标准，运动饮料的定义是“营养素及其含量能适应运动或体力活动人群的生理特点，能为机体补充水分、电解质和能量，可被迅速吸收的饮料”。定义首次强调运动饮料被机体迅速吸收的特点。

从这一定义分析，运动饮料的成分有以下两个主要特点：

(1) 一定的糖含量：一方面由于运动引起肌糖原被大量消耗，肌肉运动加大了对血糖的摄取，引起血糖下降，若不能及时补充，工作肌肉会因此而乏力。另一方面因大脑90%以上的供能来自血糖，血糖的下降将会使大脑对运动的调节能力减弱，并产生疲劳感。

(2) 适量的电解质：饮料中的钠、钾等元素补充汗液中丢失的，利于血浆渗透压的维持，使血浆中的水分含量保持正常水平，使细胞得到充足的水分。细胞的生命活动离不开水，适量的电解质有利于细胞内部生物化学反应的顺利进行。

运动饮料应该不含咖啡因、酒精。因为咖啡因有一定的利尿作用，会加大水的损失；咖啡因和酒精还会对中枢神经有刺激作用，不利于运动后的恢复。

综上所述，运动饮料中水分含量为一般在90%左右，糖含量为8%～12%，无机盐含量为1.6%左右，维生素的含量为0.2%左右。由于其成分与人体体液相似，饮用后能迅速地被人体吸收，及时补充人体因大量运动出汗所损失的水分和电解质（即盐分），使体液达到平衡状态。在补充人体机能的同时，还有助于细胞维持有氧呼吸，即使在大运动量时也会减少乳酸产生，减轻运动时人体的心脏负担，对运动中的能量供给和运动后的体力恢复有很大好处。

2. 市售“运动饮料”消费调查与分析

通过市场调查，目前市售运动饮料主要有佳得乐、农夫尖叫、红牛、乐百氏脉动、宝矿力等。从学校和周边小卖部销售的情况以及同学们的运动饮料消费情况总结，人们选择的运动饮料偏向于佳得乐和农夫尖叫这两种运动饮料。

我们对市面上的运动饮料从外观、口味、价格方面进行分析，查找与销售情况相关的原因。

饮料	包装特点	口感	零售价	折合价格
佳得乐	具有肌肉感的瓶身不论怎么握都很舒适，只是瓶盖有点紧，女孩子在打开时可能要多用点力。	比较酸的蓝莓味、橙味和柠檬味	4.2元	0.7元/100ml
宝矿力	相对而言，这款饮料的包装比较朴素、简洁，在众多运动型饮料中比较好辨认。	酸果味，微甜，似乎是柠檬与西柚的混合	4.6元	0.92元/100ml
红牛	开启后最好一次喝完，否则在运动的环境中很容易洒出来。	清甜的果冻味道	6.5元	2.6元/100ml
乐百氏脉动	瓶身显得比较粗大，较重；下面呈六边形，握起来的时候有一定阻力，可防止手上汗液湿滑造成的滑落。	很淡的青柠口味，水质清爽	3.5~4.0元	0.63元/100ml
农夫尖叫	斜菱形的瓶身握在手上并不是很“服帖”，运动型的瓶盖在开启后，即使把瓶子倒放，也不会有饮料流出。	口感清爽	4.0元	0.73元/100ml
健力宝	上半身是圆柱形设计，下呈现十字架结构，提高了它的稳定性。	有蜜型、柠蜜型两种，口感和汽水差不多	2.5~3.0元	0.45元/100ml

佳得乐和农夫尖叫两种饮料的独特之处在于：

（1）佳得乐之所以获得年轻人的追捧是因为它的广告和明星效应。它是NBA的赞助商，也赞助了许多中学生的比赛，而且它在电视屏幕的出现次数非常多，充分利用了第三产业的特点来为它的形象加分。

（2）农夫尖叫则胜在造型上，独特的饮用系统很时尚，而独特的瓶盖设计很吸引人，故而其在同类产品中是一个佼佼者。

结合对消费者的访谈，可以得出运动饮料销售量与以下三个因素息息相关：①产品广告；②产品外形；③产品成分、功能与口味。这三个因素使得年轻人对不同饮料有不同的喜爱程度，而价格因素并不是同学们选择运动饮料的主导因素。

经调查发现，在学生群体中，脉动和宝矿力的销量不大好的原因在于脉动和宝矿力的包装相近且相当传统，口味单一，故而不受调查人群所喜爱。

3. 市售“运动饮料”的成分调查

运动饮料之所以有功效是因为其具有特别的成分。通过分析有关饮料包装上所标识的主要成分及产品自身标明的功效，我们对饮料的类进行了判断。调查发现，从成分分析，人们观念中的运动饮料未必是运动饮料。

饮料	包装上标识的主要成分	产品自身标明的功效
佳得乐	碳水化合物、钠、钾	在体内大量水分流失的情况下，能迅速缓解口渴的状况，并能补充身体所失去的矿物质和能量。
宝矿力水特	电解质（钾、钠、氯等）	在运动后补水效果优于一般饮料。此外，在天气炎热导致食欲不强时，喝它能补充电解质，避免新陈代谢失常。

（续上表）

饮料	包装上标识的主要成分	产品自身标明的功效
红牛	牛磺酸、维生素、咖啡因	能抗疲劳，增加血液输出，喝完后心跳会有略微加速的感觉。在运动时，可使运动能力和抗疲劳能力进一步加强。
乐百氏脉动	水溶维生素群	除了运动后能迅速补充身体所需的水分和维生素，平时饮用也能缓解干燥、提高身体免疫力。
农夫尖叫	多肽、维生素 B6	能抵抗疲劳、控制血脂、调节身体免疫力，甚至在运动时能给人带来爆发力。
健力宝	蜂蜜、二氧化碳、柠檬酸、碱性电解质	能够快速补充离子，恢复体内的酸碱平衡。

通过将上述运动饮料包装列出的主要成分表，与运动饮料的有效成分进行比较分析可得，属于运动饮料的应该是佳得乐、宝矿力和健力宝。三者共同的成分是钾、钠和糖类，有含钾、钠的碱性电解质溶液。这些电解质可以促进能量代谢，及时补充人体所需的物质，为人体加油。而平时大家从促销广告看到的运动饮料并不一定是真正的运动饮料。从这一个角度分析可知，我们选择运动饮料不但要看广告，更要看清楚其成分。

4. 学生群体为什么对健力宝等国产运动饮料不了解？

通过查找文献，我们发现健力宝也是运动饮料，而作为调查对象的同学没有一个人知道健力宝是运动饮料。这引起了我们的思考：为何健力宝不为同学们认识？

健力宝曾经风靡一时，在 1984 年洛杉矶奥运会后一炮走红，被誉为“中国魔水”，成为中国第一种添加碱性电解质的饮料，也是国内第一种运动饮料。

随着国家改革开放，很多国际品牌涌入中国市场，出现在国人面前。例如，佳得乐、宝矿力等都有很强大的经营团队和雄厚的经济实力，市面上充斥着它们的广告。相形之下，国内自主品牌就失色了，健力宝也不例外，外形落后，口味少，广告亦少。此外，健力宝集团的管理也有问题，如销售模式陈旧，新兴的第五季、爆果汽等品牌对健力宝饮料具有冲击作用，使得渐渐追求时尚和口味的新一代年轻人都不认识健力宝了。

但是，2008年底，健力宝成为广州2010年亚运会指定的运动饮料后，已开始注重把握市场脉搏、借亚运会展开一系列体育营销，全面打造运动饮料知名品牌。目前，在广州开始不时地看到健力宝的广告，其赞助的“亚运拉拉队全国选拔赛”也拉开了帷幕。或许凭借着亚运会，健力宝这一国内最早的运动饮料将被更多的年轻人接受。

六、消费建议

随着运动饮料市场的拓展和科技的渗入，运动饮料已经有了更深层次的延伸。目前，国内冠以“运动饮料”的产品不少，有健力宝、红牛、舒跑等。我们建议同学们在选用运动饮料时要多加留意它们的成分和功能。此外，从运动饮料的定义可知，运动饮料只适合激烈运动、大量出汗后饮用，而一般情况下，不宜选择运动饮料，因为它富含电解质，一般人饮用非但不能解除疲劳，还会给身体增加负担。

【点评】

进行这项研究性学习的学生很喜欢打篮球，每次运动完都会喝运动饮料。在学习高一生物“水和无机盐”的内容后，他们开始研究自己常喝的运动饮料的成分表，由此把问题转化为研究课题——对部分市售运动饮料进行调查。开始时，学生考虑的是运动饮料的消费问题，可是经过调查后发现，如果单考虑消费问题，研究创新性不足，因为此类研究已经有太多饮料公司做过了。碰巧国家颁布了运动饮料的标准，学生们根据这一标准对所调查的运动饮料的成分进行分析，提出合理选择运动饮料的建议。在研究的过程中，他们发现了健力宝这一运动饮料几乎没有同学知道，进而围绕这一现象展开了自己的思考。

这项研究最值得欣赏的地方是，学生们在研究中不断生成新问题，并开展持续的研究。

参考文献

中文文献：

［1］沈德立．发展与教育心理学．沈阳：辽宁出版社，2007

［2］黄煜峰，雷雳．初中生心理学．杭州：浙江教育出版社，1996

［3］郑和均，邓京华等．高中生心理学．杭州：浙江教育出版社，1993

［4］许思安，严标宾．大学生人格发展与辅导．广州：暨南大学出版社，2009

［5］曹梅静．心理健康教育 C 证教程．广州：广东省语言音像电子出版社，2007

［6］郑葳．学习共同体——文化生态学习环境的理想架构．北京：教育科学出版社，2007

［7］包蔼黎．迈向课堂学习共同体——课堂教学的反思与重建．上海：上海师范大学出版社，2007

［8］彼得·圣吉．第五项修炼——学习型组织的艺术与务实．郭进隆译．上海：上海三联书店，1998

［9］顾明远．教育大辞典（第 1 卷）．上海：上海教育出版社，1990

［10］施良方．课程原理．北京：教育科学出版社，1996

［11］钟启泉．现代教学论发展．北京：教育科学出版社，1992

［12］刘克兰．现代教学论．重庆：西南师范大学出版社，1993

［13］周庆林．研究性学习百法：研究性学习指导．桂林：广西师范大学出版社，2002

［14］庞虹．小学儿童记忆中组织策略发展的实验研究．心理学报，1992（4）

［15］董奇，周勇．10～16岁儿童自我监控学习能力的成分发展与作用的研究．心理科学，1995（2）

［16］施建农．超常与常态儿童记忆和记忆监控比较研究．心理学报，1990，1（3）

［17］汪玲，郭德俊．元认知的本质与要素．心理学报，2000，32（4）

［18］师保国．元认知训练方法研究述评．西南师范大学学报（人文社会科学版），2002，28（4）

［19］刘儒德，陈琦．多媒体环境下元认知过程的研究．心理学动态，2000，8（4）

［20］田学红．国内外有关元认知研究的综述．浙江师范大学学报（社会科学版），2000，25（2）

［21］江卫华．增进课堂协同学习的理论与实践探讨．教育理论与实践，2006（8）

［22］刘均等．一种面向个性化网络学习的协同学习任务生成方法．西安交通大学学报，2004（8）

［23］祝智庭等．协同学习：面向知识时代的学习技术系统框架．中国电化教育，2006（4）

［24］佐藤学．构建“学习共同体”的学校教育改革——展望与哲学．http：//www. cnier. ac. cn/gjjl/jlxx/gjjl_ 20060904141619. html，2006－09－04

[25] 薛焕玉. 对学习共同体理论与实践的初探. 中国地质大学学报（社会科学版），2007，7（1）

[26] 翟玉兰. 支架式教学. http：//blog. tom. com/wzz. lx/article/1228. html

英文文献：

[1] Patricia H. Miller & Wendy L. Seier. Strategy Utilization Deficiencies in Children：When，Where and Why. *Advances in Child Development and Behavior*，Volume 25，Academic Press INc. 1994.

[2] Linda Baker. Fostering Metacognitive Development. *Advances in Child Development and Behavior*，Volume 25，Academic Press INc，1994.

[3] Forrest-Pressley. D. L.，Mackinnon. G. E. & Walter. T. G. Metacognition，Cognition，and Human Performance. Volume 2，Academic Press INc. 1985.

[4] Kail & Hagen. *Perspectives on the Development of Memory and Cognition.* Lawrence Erlbaum Associates INc. 1977.

[5] Woffgang Schneider Michael Pressley. *Memory Development between Land 20.* Springer-Vertag New York INc. 1989.

[6] B. P. Ackerman. Cued Recall of Specific Memories in Children and Adults. *Journal of Experimental Child Psychology*，Volume 43.

[7] Flavell J. H. Cognitive monitoring. In：W. P. Dickson ed. *Children's Oral Communication Skill*. New York：Academic Press，1981.

[8] Baker L.，Brown A. L. Metacognitive skills and reading. In：P. D. Pearson ed. *Handbook of Reading Research*. New York：Longman，1984.

[9] Yussen S. R. The role of metacognotion in contemporarythe-

ories of cognitive development. In: D. L. Forrest-Pressley, G. E. Mackinnon, T. G. Waller eds. *Metacognition, Cognition, and Human Performance*, Vol. 1. New York: Academic Press, 1985.

[10] Patricia H. M. Metacognition and attention. In: D. L. Forrest – Pressley, G. E. Mackinnon, T. G. Waller eds. *Metacognition, Cognition, and Human Performance*, Vol. 2. New York: Academic Press, 1985.

[11] Sternberg R. J. *Encyclopedia of Human Intelligence*, Vol. 2. Macmillan Publishing House, 1994.

[12] Reder L. M. Preface. In: L. M. Reder ed. *Implicit Memoryand Metacognition.* Mahwah, N. J.: Lawrence Erlbaum, 1996.